우리는
어쩌다
런던에서

동갑내기 두 여자의 코로나 시대 런던 생존기

우리는
어쩌다
런던에서

서유진 장혜림

harmonybook

인생은 원래 뜻대로 되지 않는다. 그러나 '원래 그런 거야'라고 넘기기에 코로나는 달라도 너무 달랐다. 1년을 훌쩍 지나 현재까지도 계속되는 코로나의 방해 작전에 맥을 못 추고 있으니…. 그렇게 코로나로 일상을 잃은 많은 이들 중에 여기 두 사람이 있다.

한 사람은 2020년 런던에 있었다. 오랜 시간 꿈꿔 왔고 준비해 온 외국인 근로자로서의 삶을 막 시작하려던 찰나였다. 그런데 코로나가 시작되었다. 또 한 사람은 2020년 세종시에 있었다. 런던으로 유학을 가기 위해 취브닝 Chevening 장학생을 지원했고 다행히 합격했다. 그런데 코로나가 시작되었다. 그렇게 두 사람이 꿈꿨던 런던살이는 전혀 예상하지 못한 방향으로 흘렀다.

이 책은 사십 평생 처음으로 맞은 팬데믹 시대에 가족이 아닌 사람과 먼 타지에서 동거하게 된 두 사람의 일상을 담은 기록이다. 2021년 1월부터 9월까지 9개월 동안 어느 날은 삼시세끼 리얼리티를, 어떤 날은 알쓸신잡 같은 예능을, 그리고 때때로 인간극장 같은 휴먼 다큐를 찍었다. 두 사람이 함께 보낸 시간은 9개월이지만 그 시간 동안 나눈 이야기는 각자의 지나온 40년과 앞으로의 40년이 담겨 있기에 이 글은 동갑내기 두 여자의 일과 인생에 대한 기록이기도 하다. 두 사람의 삶 속에서 같이 웃고 공감하고 위로 받기를 바란다.

또한 이 책은 여행자의 시선으로 알려진 런던이 아닌 삶의 현장 런던을 담은 기록이다. 관광 명소에 대한 이야기는 없지만 런던의 오늘을 담았다. 무심히 지나칠 수 있는 것들을 애정과 애증의 시선으로 풀어냈기에 짜릿한 추억은 선물할 수 없을지도 모른다. 그러나 언젠가 다시 여행이 가능해지고 세계 어느 도시에서 한 달 살기를 하고 싶냐고 물을 때 '런던!'이라고 답할 당신에게는 조금 더 의미있을 그런 런던을 담았다.

6장 영국에서 만난 사람들

7장 알아두면 쓸데없는 영국 잡학사전

1장

우리 같이 살까?

우리 같이 살까? 유진

2020년 10월 7일부터 2021년 1월 28일까지. 113일이다. 올드스트리트 Old street의 칸토 코트 Canto Court 기숙사에서 지내온 밤을 헤아려보니. 약 4개월의 시간을 함께한 나의 기숙사를 떠나기 전날 밤, 드라마나 영화 속에서 주인공이 정든 곳을 떠나는 날 지나온 시간을 추억하며 숙소의 곳곳을 아련하고 애틋하게 바라보는 그런 낭만은 없었다. 오직 이삿짐과의 사투뿐이었고, 침대 위에 담요 깔고 쪽잠을 청해야 했다. 여행용 캐리어 2개 들고 도착했던 나의 유학생 짐보따리는 많이도 늘었다. 결국 택배상자며 장바구니며 구석구석 쑤셔 넣었는데도 택시를 불러 트렁크를 한가득 채우고야 말았다. 그렇게 보따리장수 같은 행색으로 기숙사를 떠나 햄프스테드 Hampstead로 이사를 했다.

4개월 가까이 지낸 나의 기숙사 6평 단칸방에 비하면 이제 방 2개, 화장실 2개, 주방 겸 거실이 있는 플랫 flat으로 오니 마치 궁궐로 이사한 기분이다. 남은 런던 생활을 함께할 나의 플랫메이트 flatmate 혜림이와 이 집을 알아보고 계약하고 이사를 오기까지 약 1달 넘는 시간 동안 이 날을 너무너무 고대하였다. 이제 더 이상 혼자가 아니다.

생각해보면, 대학교 동기와 대학생 때도 안 해 본 동거를 시작한 것이다. 문득, 『여자 둘이 살고 있습니다』라는 책이 떠올랐다. 그녀들의 동거와는 또 다른 결의 우리. 이 시국에, 런던 하늘 아래에서. 어쩌면 이것도 다 운명이고 인연이다.

혜림이랑 다시 연락하게 된 것은 2017년쯤이었으려나. 업무로 연락하게 된 걸 계기로 1년에 한 번씩은 꼬박꼬박 보게 되었고, 그러다 2019년쯤 내가 영국 유학 계획을 이야기하고 (그때는 코로나 시국이 올 줄 몰랐다) 런던에서 자주 보자 했었다. 그런데 코로나가 터졌고, 런던에 둥지를 틀었던 혜림이는 결국 한국에 들어와 지냈었다. 그리고 2020년 6월이 되었다. 내가 런던으로 최종 학교를 정하면서 집을 알아보고, 혜림이는 다시 런던에 간다는 이야기를 나눴다. 나는 런던에는 또 봉쇄조치가 시작될 테고 어딘가를 많이 다니지도 못할 텐데 스튜디오 기숙사에서 답답하게 사느니 런던 Zone 3[*]쯤에서 돌아다닐 공간이라도 넓은 집을 얻어야겠다고 푸념을 늘어놓았다.

"흠…. 네가 그런 집 구하면 같이 살까? 방 두 개짜리로."
"그래 고민해봐 혜림."

---

[*] 런던의 Zone 시스템: 런던 지역 구분 기준의 하나로 런던 교통국 Transport for London의 관리 하에 런던 내 모든 철도 요금의 기준이 되는 철도요금체계에 기반한다. 존은 런던 중심으로부터의 거리에 따라 나뉜다. 1존인 런던 중심부 Central London를 기준으로, 멀어질수록 2존, 3존, 4존 등으로 숫자도 높아진다. 임대료는 중심지인 1존과 가까울수록 비싸진다.

"진심이야 근데?"

"응. 진심인데. 같이 살면 좋지 뭐, 식물도 좀 키우고."

"너랑 같이 사는 거면 록다운 lockdown 돼도 견딜만할 거 같은데."

"글치 혼자 있는 것보다 훨~"

"그럼 나 진짜 고민해본다?"

"응!"

그렇게 우리는 같이 살자는 이야기를 하게 되었다. 생각해보면 그 모든 과정이 누군가 코로나가 터질 줄 알고 미리 그려 놓은 계획처럼 느껴지기도 한다. 스무 살에 만난 우리가, 스무 해를 지나, 그때는 생각한 적도 없는 일을 하며 서로 각자의 길을 걷다가, 여기 런던에서 다시 만나 같이 살게 되다니.

인생은 그렇게 우연인 듯, 인연인 듯한 연의 연속이다. 『번지점프를 하다』라는 영화에서 그랬던가. '이 지구 상 어느 한 곳에 요만한 바늘 하나를 꽂고 저 하늘 꼭대기에서 밀실을 또 딱 하나 떨어뜨리는 거야 그 밀실이 나풀나풀 떨어져서 그 바늘 위에 꽂힐 확률, 바로 그 계산도 안 되는 기가 막힌 확률로' 만나는 것이 인연이라고. 그렇지만 내가 느끼는 인연은 사실 그저 확률이라거나, 하늘의 뜻은 아니다. 각자가 쌓아온 시간이 함께 공유한 시간을 만나 임계점을 넘을 때에 인연이 된다. 그리고 별 것 아닌 것 같아도 그 안에는 각자의 용기가 만든

발화의 순간이 있다. 내가 업무상 혜림이에게 연락한 것도, 그리고 혜림이가 내게 장난처럼 "같이 살까?"라고 말한 것도 모두 작지만 큰 용기였다. 나는 그래서 지금 내 곁에 있는 사람들에게 감사하다. 그들이 어떤 방식으로든 어떤 크기로든 용기 내어 걸어와 주었기에. 그리고 내게 그들의 곁을 준 것에 고맙다. 그리고 지금 이 순간, 아니 2021년에 가장 고마운 사람은 혜림이다.

'같이 살까?'로 시작하여 오늘도 열심히 함께 밥 먹고 살아가는 식구가 되어준 혜림이와의 동거는 그렇게 2021년 1월 28일부터 시작되었다.

랜선으로 집 보는 세상 유진

같이 살기로 했으니 우리의 다음 과제는 집을 구하는 것이다. 같이 살 집은 같이 보러 다니면서 집 조건도 맞춰 보고, 실물도 확인하고, 동네 분위기도 탐색하는 재미를 느껴… 는 무슨, 코로나 시국이다! 그리고 런던에 있어야 했을 혜림이는 코로나로 서울에 있었고, 코로나로 서울에 있었어야 할 나는 런던에 있었다. 그런데 시차 8시간의 거리에 떨어져 살고 있는 두 사람이 함께 내년에 같이 살 집을 구하는 것은? 가능하다.

우리는 2020년 12월, 열심히 라이트무브 Rightmove, 주플라 Zoopla와 같은 온라인 부동산 중개서비스(직방, 다방 같은 서비스)를 이용해서 관심 있는 집을 공유했다. 물론 우리는 런던에 오기 전, 푸르른 정독 도서관 잔디밭에 앉아 잠봉 뵈르를 먹으며 같이 살면 어떤 곳에서 살고 싶은지 이야기를 나눴었다.

"탁~ 트인 공원이 가까웠으면 좋겠다. 코로나라서 어디 가지도 못할 테니 공원에 산책이라도 가야지."
"방 2개에 화장실도 2개인 집이 좋겠지? 각자 편하게 쓰려면?"

"살아보고 싶었던 동네가 있는데, 햄프스테드 Hampstead라고."

"나도! 나 런던에서 계절학기 들었을 때 가봤는데 거기 공원도 크고 한적하고 좋더라!"

그리하여 우리가 원했던 집의 조건은 걸어서 공원을 갈 수 있는 곳, 침실과 욕실 각각 2개, 월세는 2,500파운드 이하였고, 혜림이가 다시 런던에 오는 일정과 나의 기숙사 계약 일정을 고려하여 1월 말에 입주 가능한 물건으로 좁혀졌다. 그런데 이 조건으로 관심 지역을 설정하고 검색을 하면 세상에나 너무너무 많았다. 그게 무엇이든 온라인으로 상품을 알아보는 것은 오프라인으로 보면서 사는 것과는 다른 피로감을 동반한다. 특히 이렇게 선택지가 많으면 많을수록 피로감은 수직 상승하는데, 온라인 상에 뜨는 집을 하나씩 클릭하여 사진을 확인하고 구체적인 설명을 확인하면 할수록 그 집이 그 집 같고 어느 순간에는 내가 무엇을 봤는지조차 가물가물해진다. 관심 있는 집에 표시를 해두기는 하지만 그것도 너무 많아지니 매번 다시 클릭해서 들어가 보지 않으면 좀처럼 머릿속에 입력이 되지 않는다(설마 나이 먹어서 그러는 것은 아니겠지).

내가 이렇게 인터넷 부동산 사이트에서 헤매고 있는 동안 역시 경험은 무시 못 하는 법이라고 혜림이가 빠르게 몇 군데 링크를 보내주었다. 그리고 관심 있는 몇몇 곳에 메시지를 보내 버추얼 뷰잉 virtual viewing이 가능한지를 확인했는데 이 부분이 나에게는 신세계였다. 코로나 시국이라 부동산 에이전트들이 동영상을 찍어 보내 주거나 직접 집에 가서 영상통화로 보여주는 것을 버추얼 뷰잉이라고 했다. 좋은 세상이다. 랜선으로 집 보는 세상. 8시간의 시차를 둔 8,852km쯤의 거리는 깔끔하게 0km로 좁혀지는 좋은 세상. 코로나 이전에도 가능한 방식이었으나, 코로나 위기 덕분에 더 많은 사람이 이용하게 되었으니 역시 위기는 기회이고 기술은 인간을 이롭게 한다.

집 보러 왔습니다

우리는 동영상을 보고 서로 의견을 나누면서 원하는 조건과 맞춰봤다. 방이 두 개이더라도 하나가 너무 작은 경우가 있었고, 화장실도 하나는 너무 좁아 보이거나 방과 너무 떨어져서 두 개를 찾는 의미에 맞지 않는 경우도 있었다. 역시 입맛에 맞는 집을 고르는 것은 쉬운 일이 아니었다. 그러다가 동영상으로 봤을 때도 좋아 보이는 집이 햄프스테드 지역에 있어서 런던에 있는 내가 직접 보러 가기로 했다.

12월 17일. 동네 분위기도 살필 겸 오랜만에 햄프스테드 히스 Hampstead Heath에도 오를 겸, 겸사겸사 방문한 햄프스테드는 역시 주거 중심 동네라서 조용하고 쾌적했다. 노던 라인 Northern Line 벨사이즈 파크 Belsize Park 역이 가까웠으며, 주변에 아주 큰 마트는 없었지만 막스앤스펜서 M&S가 있었고 종합병원이 근처였으며 오버그라운드 Overground 전철역도 있었다. 살기에 불편함은 없어 보였다. 그리고 애정하는 햄프스테드 히스 공원이 있으니 코로나로 답답한 날은 이곳의 팔라멘트 언덕 Parliament Hill에 올라 런던 시내를 바라보며 코에 바람을 좀 넣으면 되겠다 싶었다.

우리가 알아본 곳은 그래도 현대식 아파트 형태라서 외관도 깨끗하고 건물도 주변의 컴컴한 아파트보다는 조금 특이하고 재밌게 생겼다. 외부 현관에 도착하니 부동산 에이전트 로버트 Robert가 기다리고 있었다. 코로나 시대에 집 보러 다니려면 마스크 끼는 것은 부동산에서도 강조하는 항목이었으므로 나는 장갑도 끼고 세정제도 챙겨서 집에 들어갔다. 그러나 의외로 아니 역시나 인가? 집주인들은 마스크를 끼고 있지 않았다. 한 명은 발코니로 나가고 한 명은 방에 들어가 나오지 않는 걸로 타협한 것 같았다. 도착해서 혜림이와 영상통화로 집 구경을 같이 했다. 역시 좋은 세상이다. 부엌의 가전도 같이 들여다보고, 방을 훑어보며 가구도 확인하고, 화장실과 부엌의 수압도 체크했다. 심지어 방문 열 때 문에서 끼익 소리 나는 것까지 한국에 있는 혜림이가 지적할 수 있는 실시간 영상 통화라니. 우리가 대학생 때 이런 것은 상상도 할 수 없었다.

그 시절은 배낭여행을 가기 전에 나라별로 환전을 해서 출국했고 관광지를 찾아 가려면 실물 종이 지도를 펼쳐야 했으며, 유레일 패스의 기차 시간표도 두꺼운 책자를 가지고 다니면서 가로로 여행 목적지와 세로로는 역 정차 시간을 교차해서 읽었었다. 요즘은 어떤가? 인터넷 은행 레볼루트 Revolut 같은 서비스 덕분에 통화와 관계없이 결제되고 어느 나라 ATM기에서든 현금 인출이 가능하다. 또 구글 지도에 출발지와 목적지만 찍으면 비행기, 기차, 버스까지 알아서 찾아준다. 그러니 집 구하는 것을 각자 한국과 영국에서 영상 통화로 할 수 있는 것도 가히 놀랄 일은 아니다. 그럼에도 나는 감탄을 금치 못했다. 촌스럽게도.

그렇게 버추얼 뷰잉에 이어 실물 집 구경까지 빠른 속도로 끝이 났다. 둘 다 그날 본 집이 전반적으로 괜찮다는데 동의했고, 런던에서 그렇게 현대식으로 잘 정비된 플랫을 구하는 것은 생각보다 쉽지 않다는 혜림이의 의견을 따라 다른 사람들이 먼저 낚아 채기 전에 얼른 계약금을 걸어 두기로 했다. 집을 빨리 구해 놓으니 나의 기숙사 체류 일정 조정, 혜림이의 런던 귀국 후 임시 숙소를 구하는 것에도 도움이 되고, 무엇보다 마음에 평화가 찾아 왔다. 살 집을 구한다는 것은 그런 의미였다. 불안으로부터의 해방과 마음의 평화. 이제 우리의 동거 장소는 정해졌다. 햄프스테드, 너와 함께 하러 곧 간다. 우리의 런던 집, 헉슬리 하우스 Huxley House 플랫 10. 1월에 만나!

이사 그리고 신고식 유진

코로나 시국이라 자체 방역 청소를 25일에 먼저 하기로 했다. 원래 전에 살던 사람들이 청소를 하고 나가는 것이 기본인데 런던의 방역 수준과 런더너들의 방역 개념을 고려하면, 자체 방역 청소는 필수라고 판단했다. 셀프 방역이라니요. 한국에서 봤던 뭉게뭉게 소독 구름을 피우던 소독용 기계가 그리웠다. 그거 한 번 뿌려 놓으면 다 끝날 것 같은데. 그러나 우리는 25일 아침, 소독용 물티슈, 소독용 알코올 분무기, 키친 타올, 침구 및 의류용 항균 탈취액 등 각종 청소용 물품과 고무장갑, 마스크 여러 개를 챙겨서 만났다. 수업 때문에 아침 일찍 갈 수 없었던 나 없이 혜림이가 미리 에이전트를 만나 키를 받고 먼저 들어가 있었다.

혜림이는 부지런하게도 창문을 다 열고 환기를 시켜놓았다. 방역의 시작은 환기! 혜림이 칭찬해~ 내가 도착한 다음부터 본격 셀프 방역에 들어갔다. 우리는 현관 손잡이부터 시작해서 마룻바닥, 주방 수납장, 식탁, 의자, 각 방의 옷장 화장실 변기까지 닦을 수 있는 모든 곳을 닦았다. 런던에 온 것도, 꽤 괜찮은 집을 구한 것도, 햄프스테드에 살게 된 것도 모두 좋은데 셀프 방역은 정말 힘든 일이었다. 평소에 집안일 제대로 안 해 본 덕분에(?) 여기서 반나절 몸 좀 썼다고 에고 에고 소리가 절로 나왔다. 다행히 혜림이가 사온 피스타치오 크루아 상과 아몬드 크루아상으로 당을 채우고 다시 힘을 내 본다! 얼른 끝내 자아~~!!

　기본 가구와 가전이 포함된 집이었기 때문에 책상도 침대도 심지어 집주인이 두고 간 베개도 있었다. 베개는 남이 쓰던 거라 영 찜찜해서 일단 안 쓸 생각으로 옷장 속에 넣어 두고, 침대 매트리스에는 침구 및 의류용 항균탈취액을 구석구석 뿌려주었다. 이걸로 될까 싶었지 만 되길 바라면서. 그래도 이렇게 뿌리고 닦고 창문도 살짝 열어 놓은 상태로 2일 이상 비워두니까 괜찮을 거라고 서로를 안심시켜 보았다.

　그러나 문제는 방역만이 아니었다. 청소를 하다 보니 매트리스 하 나가 상태가 영 좋지 않았다. 한쪽이 움푹 꺼져 있고 색도 누렇게 바 래 있었다. 여기서 자다가 허리가 나갈 것 같은 그런 상황. 게다가 어 디 쓰지도 못할 만큼 삐걱거리고 조잡하기 이를 데 없는 나무의자와 책상에, 누가 공짜로 줘도 안 쓸 것 같은 하얀색 촌스러운 화장대며 거실에 놓인 사이드 테이블은 곧 부서질 것 같은 상태였다. 우리 눈에 는 참 쓸모없어 보이는 가구들, 쓰다가 남기고 간 그릇과 포크, 나이 프 모두 상태가 매우 안 좋았다. 집주인의 후진 안목을 연신 탓하며 제일 급한 매트리스부터 부동산에 알렸다. 상태가 안 좋아서 사용이

어려우니 새 것으로 교체해달라고. 아마존에서 괜찮아 보이는 매트
리스를 급하게 검색했고 우리가 찾아서 교체할 테니 비용을 지불해
달라고 했다. 집주인과 이야기해보고 알려준다는 답을 받았다. 아, 여
기도 집 없는 설움은 어쩔 수 없구나. 특히나 런던의 주택 임대차 계
약은 까다롭기 이를 데 없어서 집에 남기고 간 저 낡은 포크 하나도
우리 마음대로 버릴 수 없었다. 모든 것은 집주인의 허락이 있어야 가
능한 것. 어쨌건 셀프 방역에 집 구석구석 상태 점검을 하고 나니 저
녁나절이 되었고, 진짜 이삿날을 기약하며 각자의 숙소로 돌아갔다.

　대망의 1월 28일. 이삿날이 밝았다. 나의 기숙사에서 콜밴에 짐을
싣고, 지난해에 코로나로 급하게 서울로 떠나느라 맡겨 둔 혜림의 짐
을 찾으러 에어비앤비 런던 사무실에 들렀다. 콜밴 기사는 많은 양의
짐을 보고 난색을 표했지만 요리조리 잘 포개어 딱 내가 앉을 자리만
남기고 모두 실었다. 덧붙여 한 마디 하는 것도 잊지 않았다. "다음부
터 이 정도 양이면 더 큰 차를 부르는 게 좋을 거야." 그래 우리가 뭐
일부러 그랬겠냐고 생각했지만 대답은, "알겠어. 그렇게. 미안." 그
리 오래 걸리지 않아 이제는 우리 동네인 햄프스테드에 도착했다. 상
자와 캐리어 등등 짐을 다 집 안으로 옮기고 나니 앞날이 깜깜했다.
이 많은 짐을 또 언제 다 풀까 싶었지만, 또 하다 보면 되겠지 생각하
며 짐을 풀기 시작하였다. 주방 살림을 우선 정리하고, 냉장고에 급히
넣어야 할 것들을 넣고, 각자의 방과 화장실에 짐을 풀었다. 집주인이

교체를 허락해준 매트리스도 도착했다. 혜림이가 주문한 침구 세트도 무사히 받아 왔다. 다행히 첫날부터 바닥이나 거실 소파에서 자는 일은 발생하지 않았다. 모든 것이 착착 진행된다고 생각했다. 그러나 햄프스테드는 우리에게 그렇게 호락호락하지 않았다.

끼니를 해결하려고 사온 막스앤스펜서의 레디밀을 전자렌지에 데우려는데 하나를 데우고 두 번째를 넣고 돌리자 갑자기 주방의 전원이 내려갔다. 헛, 이것은 무슨 일인가. 혜림이가 두꺼비집을 찾아서 전원 스위치를 다시 올렸다. 그리고 전자렌지를 다시 돌렸다. 그런데 또 내려갔다. 등골이 서늘하고 짜증이 스윽 올라왔다. 이사한 첫 날 이러기야? 급한 대로 인덕션에 레디밀을 데워서 먹긴 하였으나 전원이 차단되는 이유를 모르니 답답했다. 그리고 냉장고 전원이 같이 내려가는 것도 문제였다. 앞으로 조리는 무조건 인덕션에 해야하는 건가? 식기 세척기는 쓸 수 있는 걸까? 집주인들은 어떻게 조리를 해서 밥을 먹고 살았던 거지? 수만 가지 생각이 다 들었다. 왜 이사 오자마자 이런 일이 생기는 걸까? 이렇게 신고식을 해야하는 걸까?

결국 이 문제는 한 달이 훌쩍 넘어서야 해결되었는데 그 지리한 과정을 풀어봐야 재미도 없고 화만 나니까 넘어가자. 아니, 그래도 하나는 이야기 해야겠다. 집주인은 이 문제를 제기하자 "우리 살 때는 괜찮았는데?"라는 말을 제일 많이 했다. 그래서 뭐! 우리가 일부러 고장이라도 냈겠는가? 몇 번의 반복되는 전원 차단 문제로 우리는 식기 세척기도 편하게 못 썼다. 돌리면 꺼지고 돌리면 꺼지는 날이 있었기 때문에 혹시 자는 동안에 식기 세척기가 멈추고 냉장고 전원이 내려갈까 세척이 완료될 때까지 잠을 안 자고 기다린 날도 있었다. 그리고 전자렌지와 오븐을 동시에 사용하지도 못했다. 이것도 햄프스테드 입성 신고식의 하나였던 거겠지.

어찌되었든 짐은 대충 정리가 되었고 과부하로 인한 전원 차단 문제는 해결하지 못했지만 괜찮을 거라고 생각하며 햄프스테드에서의 첫날밤을 맞았다. 며칠간의 소란함과 분주함이 지나고 새로운 집에서의 낯설고 고요한 밤이었다. 셀프 방역, 콜밴 이사, 매트리스 교체, 집 없는 설움, 주방 전기 문제 등등 피곤한 일도 예상하지 못한 장애물도 넘어야 했던 런던에서의 이사는 끝이 났다. 앞으로의 우리, 별 탈 없이 잘 살 수 있겠지?

식구가 생겼습니다 혜림

동거인이 생겼다. 태어나서 처음으로 가족이 아닌 누군가와 함께 산다. 코로나가 아니었다면 일어나지 않았을 일이다. 워낙 혼자만의 시간과 공간이 중요해 비싼 월세에도 혼자 집을 구했었는데 2020년 록다운을 두 달 겪고 나니 코로나 시대에 1인 가구로 지내는 게 무섭고 불안했다. 운명처럼 대학 친구 유진이가 2020년 9월부터 런던 유학이 예정되어 있어 같이 살기로 의기투합, 그렇게 식구가 생겼다.

살림꾼

함께 지낸 지 며칠만에 알았다, 유진이는 살림꾼이구나. 이삿날 각자 가져온 식기와 주방 도구의 자리를 찾아주며 빈 상자 정리도 하고 가구 재배치를 주도했다. 택배가 오면 아래층에서 가져와 언박싱과 쓰레기 분리까지 일사천리다.

집을 보러 왔을 때부터 끼익끼익 소리 나는 방문이 거슬렸는데 기름칠을 할까 말만 하고 행동에 옮기지 않은 나와 달리 경첩에 핸드크림을 쓱쓱 바르면서 이러면 좀 소리가 안 나는 것 같다고 한다. 맥가이버다. 화장실 환풍기가 잘 돌아가는지 스위치를 껐다 켜도 알 수가 없었는데 의자를 밟고 올라서더니 화장지 한 칸을 환풍기에 갖다 댄다. 환풍기가 켜져 있으면 휴지가 달라붙는다고. 천잰데?

스콘에 끼얹어 먹으려고 사온 커스터드 크림(짱맛! 안 먹어봤음 먹어보세요)이 따개가 없는 구식 캔이라는 걸 깨닫고 좌절했을 때 어디선가 꺼내온 드라이버로 마구 두드려 따준 날의 감동은 잊을 수 없다. 무인도에 떨어지면 뭘 가져갈거냐 묻는다면 유진이를 고르겠소.

먹는 데 진심인 편

먹는 낙밖에 없는 록다운 생활에 다행히 유진이와 식성이 잘 맞았다. 둘 다 싱겁게 먹는 편이고 소식한다. 잡곡밥을 좋아하고 화이트 와인을 더 즐겨 마신다. 라면이나 과자는 잘 찾지 않는다. 늦은 시간에 많이 먹으면 부담스러워 점심을 제대로 먹고 저녁은 가볍게 먹는다.

다른 점도 물론 많다. 난 매일 커피를 마시고 유진이는 홍차를 마신다. 난 아침으로 토스트를 주로 먹는데 유진이는 요거트나 과일, 샐러드를 먹는다. 유진이는 케익류를 좋아하고 나는 당이 떨어지면 초콜

릿을 찾는다. 난 고등어를 좋아하는데 유진이는 기름진 생선이나 굴 등 비린내 나는 해산물을 좋아하지 않는다. 반면 치즈는 가리지 않고 좋아한다. 둘 다 떡볶이를 좋아하는데 유진이는 양파를 넣은 떡볶이를, 난 깔끔한 떡볶이를 더 좋아한다.

둘 다 맛있게 먹기 위해 노력을 아끼지 않아 좋은 재료로 요리해서 플레이팅까지 예쁘게 해먹는 재미가 있다. 유진이는 떡집 유전자를 보유해 해외에서 수제떡을 먹는 호사를 누리기도 했다.

네 시간의 시차

한 공간에 있지만 우린 서로 다른 시간대를 산다. 난 원래도 아침형 인간인데 영국으로 오면서 시차적응을 하지 않은 채로 굳어져 새벽 4시쯤 하루를 시작한다. 전날 저녁 돌린 식기 세척기에서 그릇을 꺼내 정리하고 아침을 먹고 스트레칭을 하고 글을 쓰거나 일을 하다보면 8시쯤 유진이가 일어난다. 저녁 8시엔 내가 먼저 방으로 들어가 책을 보다 잠드는데 유진이는 12시경 잠자리에 든다고 하니 우리 사이엔 네 시간의 시차가 있는 셈이다. 오전 4~8시는 나만의 시간, 오전 8시 ~오후 8시는 함께 하는 시간, 오후 8~12시는 유진이의 시간. 같은 공간을 살지만 다른 시간을 산다.

2020년 런던에 오자마자 닥친 코로나로 어렵게 쟁취한 런던살이를 포기하고 한국에서 대부분의 시간을 보냈고, 2021년 다시 돌아온 뒤에도 여기가 런던인지 실감도 나지 않는 집콕 생활을 이어가고 있지만, 그래도 좋은 친구와 함께할 수 있어 버틸 만하다. 코로나가 가져다준 유일한 선물이다.

2장

먹고 사는 이야기

런던 삼시세끼 유진

　우리나라 예능의 신, 나영석 PD의 관찰 예능 『삼시세끼』는 정말 밥 '해' 먹는 것에 집중하는 프로그램이었고, 그 이후로 비슷한 프로그램들이 많이 생겼다. 스스로 말하기를 우려먹는 것을 잘한다고 한 나 PD는 실제로 삼시 세끼를 산에서 해 먹고 바다에서 해 먹고 남자들끼리 해 먹고 여자들끼리 해 먹으면서 여러 시즌을 찍었다. 나와 혜림이도 런던에서 여자 둘이 한 끼 한 끼 '해' 먹으면서 런던에서 존버 중이다.

　언제나 먹는 것에 진심인 여자 둘이서 런던에서 해 먹은 요리들은 동서양을 가리지 않는다. 삼겹살 고추장찌개, 참치김치찌개, 두부된장찌개, 육개장, 꼬리곰탕, 애호박전, 감자전, 배추전, 고등어조림, 생선구이, 쫄면, 떡볶이와 군만두, 오므라이스, 돈가스, 야키토리, 사케동, 연어 포케, 모찌리도후, 오야꼬동, 소불고기 김밥, 진미채 김밥, 참치 김밥, 계란지단 김밥, 후라이드 치킨, 양념 치킨, 흑임자 치킨, 팬케이크, 프렌치 토스트, 단호박 크림 스파게티, 트러플 버섯 리조토, 라비올리, 비프 화이타, 감바스, 월남쌈, 메밀국수와 단호박 튀김, 콩국수, 들깨 간장 국수, 수제비, 샤부샤부, 밀푀유 나베, 가지 덮밥 등등.

우리가 코로나 봉쇄조치로 꽁꽁 잠겨있던 런던의 겨울과 봄을 지내는 동안 만들어 먹은 것 중 기억나는 것이 대략 이 정도이다. 그 사이에 배추김치도 담고 깍두기도 담고, 팥앙금도 쑤고, 양배추 피클, 당근과 무 피클, 멸치볶음, 진미채 무침, 시금치 무침, 어묵볶음 같은 밑반찬도 만들어 먹었다. 더하여 찹쌀밥으로 콩가루 인절미, 흑임자 인절미, 이북인절미도 만들어 먹을 만큼 우리는 먹는 것에 진심이었다. 밖에서 사 먹기가 쉽지 않은 코로나 록다운 시기라서 더 많은 것을 만들어야 했고, 배달도 여러 차례 시도했지만 인도, 베트남, 타이 음식과 중식, 피자, 햄버거를 빼면 딱히 시켜 먹을 것도 없었다. 시켜 먹어도 영 우리 입맛에 맞지 않기도 했다. 그래서 우리는 런던에서 요거트, 빵, 치즈 빼고는 거의 모든 것을 직접 만들어 먹게 된 것이다. 정작 둘 다 한국에 있을 때는 엄마가 차려주는 밥상만 받아먹던 녀석들이었는데 말이다.

런던에서 『삼시세끼』를 찍으려니, 먹고 싶은 것은 많은데 재료를 구하는 것부터가 일이다. 물론 예전에 비하면 런던에 한국 식자재 마트가 많이 생겼고 일본 식자재를 구하는 것도 그리 어렵지 않다. 그러나 문제는 배추도 한국 배추보다 맛이 없고 무도 한국 무보다 무르고 단맛이 없는 무다. 우리가 자주 가는 웨잇로즈 Waitrose와 막스앤스펜서에서 파는 시금치는 우리나라처럼 단으로 파는 게 아니라 어린잎만 대량으로 팔고, 원래 유럽에서 많이 먹는 순무도 너무 단단하고 물기가 없으며, 양배추는 두꺼운데 단단하고, 양파는 매운맛이 강하고 매우 억세다. 쪽파는 요리 장식용 차이브 chive로만 팔고, 대파도 없다. 쉽게 먹을 수 있을 줄 알았던 아보카도도 너무 작거나 맛이 없는 경우가 허다하였다. 그나마 우리가 사 먹었던 이스라엘산 아보카도도 이제는 자취를 감추고 페루산과 남아프리카산만 볼 수 있다. 결국 요리는 들어가는 재료가 결정한다고 봐야 한다. 재료를 구하면 먹을 수 있고 재료가 없으면 먹을 수가 없는 것. 그러니 나 PD가 만든 삼시세끼 프로그램의 주인공들은 사실 행복한 삼시세끼를 찍은 것이다. 적어도 재료 구하는 것에 걱정은 없지 않은가!

물론 재료를 구한다 한들, '해' 먹는 것은 다양한 수고로움이 동반된다. 콩국수를 먹겠다고 대두를 사 와서 불리고 삶고 나면 기다리고 있는 것은 '콩껍질 까기'. 엄지손가락 관절에 마비가 오는 것 같은 시점까지 무한히 콩껍질을 까야 그나마 곱게 갈린 콩국물을 만들 수 있다. 감자전을 먹으려면 감자를 채 썰어야 하고, 야키토리를 먹으려면 하나하나 꼬치에 꿰어 이리저리 뒤집어가며 구워줘야 한다. 치킨을 먹기 위해 닭다리살의 기름을 제거하고 토막 내고 염지하고 튀김가루에 묻히고 두 번을 튀겨내야 한다. 양념 치킨이라도 먹으려면 양념소스도 직접 끓여 만들어야 한다. 그래도 우리는 그 수고로움을 마다하지 않았다. 둘이서 열심히 자신의 전문분야에서 활약한다. 나는 주로 준비작업, 썰고 자르고 국물 내는 일, 혜림이는 전과 튀김에 일가견이 있다. 우리가 같이 살아서 상호보완이 되는 중요한 순간이다. 사실 모든 일이 그렇고 사회에 나와보니 더 그렇지만, 어느 것 하나 쉬운 일은 없고 혼자서 할 수 있는 일도 없다. 삼시 세끼를 해결하는 일도 그런 일의 하나이다. 가장 본능적인 욕구를 채우기 위해 많은 준비와 노력이 들어가야 하는 일. 그러므로 우리가 하루를 산다는 것은 결코 쉬운 일이 아니다.

한 끼 준비하는데 걸리는 시간은 짧게 1시간에서 길면 3시간까지도 걸리는데 먹는 데는 10분이다. 그리고 전쟁터 같은 주방을 다시 정리하느라 30분. 튀김이라도 하는 날은 어김없이 바닥 청소까지. 그래서일까? 뭔가 작정하고 요리를 하는 날은 다 먹고 나면 약간의 허탈감이 온다. 일을 할 때도 그랬다. 프로젝트나 행사를 준비하는 과정은 항상 힘들었다. 오랜 시간이 걸리고, 많은 것들을 신경 써야 했으며, 쉽게 넘어가는 것이 없었다. 그렇게 긴 시간의 수고로움 끝에 결과물이 나오면, 그 성과에 상관없이 허탈감이 찾아온다. 아니 오히려 성공적으로 끝마치는 경우에 허탈감은 더 크게 왔던 것 같다. 그래도 다시 기운 내서 다음을 향해 간다. 허탈감이 지나가고 나면 찾아오는, 그래도 이걸 내 손으로 직접 해냈구나 하는 뿌듯함이 있기 때문에. 우리의 삼시 세끼도 그렇다. 오늘의 김밥 대장정을 마치고 맛있는 김밥을 먹고 찾아오는 약간의 무기력이 지나가고 나면, 다시 내일의 요리를 향해 나아간다. 코로나 시대에, 런던에서, 잘 '해' 먹고살기 위해서.

덧말) 한국의 수많은 맛집 셰프님, 세상 맛있는 식자재를 공급해주시는 전국의 사장님 그리고 세상에서 가장 훌륭한 셰프 우리의 어머니들에게 열렬한 환호와 박수를 보냅니다.

먹을 줄 모르네 혜림

흔히 맛없는 음식의 대명사로 영국 음식을 꼽는다. "영국엔 진짜 먹을 게 없더라" 식의 말이 나오면 영국을 끔찍이 사랑하는 나는 괜히 편들고 싶어져 "아냐 런던에 맛있는 거 완전 많아…" 하고 반박한다. 줄임말 뒤에 숨은 말은 '영국 음식이 아니어서 그렇지'다.

1~2주씩 출장이나 여행을 오면 주로 외식을 하니 크게 느끼지 못했는데 정말 살림다운 살림을 하게 되자 영국의 식재료가 몹시 아쉽다. 물론 오히려 한국에 없거나 비싼데 영국에서는 쉽게 구할 수 있는 재료도 많겠지만 내가 모르는 식재료를 쓸 일이 잘 없다보니 없는 게 더 많다고 느낀다.

빵

서양에서 빵을 구하기가 한국보다 어렵다고? 밀가루가 주식인 나라에서? 감히 그렇다고 말한다. 한국처럼 다양한 재료를 써 빵을 끊임없이 개발하고 생산, 판매하는 곳이 또 있을까 싶을 정도로 한국은 빵

종류가 다양하다. 기본적인 식빵만 해도 우유식빵, 옥수수식빵에서부터 밤이나 견과류가 들어간 식빵, 떡이나 팥 등 부재료가 돋보이는 식빵 등 무궁무진하다.

심지어 스콘의 종주국인 영국보다 스콘이 맛있고 다양하다. 영국 스콘은 플레인, 건포도, 초콜렛 정도고 대부분 클로티드 크림이나 잼을 발라 먹는다. 이렇게 수백년을 먹었고 새로운 시도를 해볼 생각이 전혀 없어 보인다. 잼과 크림 중 뭘 먼저 발라야 하는지를 가지고 치열하게 싸우기나 하지(우리의 탕수육 부먹 찍먹처럼). 반면 한국은 스콘 열풍이 불고 있다. 전부터 유행한 팥과 버터를 샌드한 앙버터 스콘은 이젠 기본 메뉴일 정도로 쑥스콘, 흑임자스콘, 초당옥수수스콘 등 영국 사람들이 보면 깜짝 놀랄 기발한 스콘이 전국 베이커리에 깔렸다.

아침 식사를 빵으로 먹는 나에게 맛있는 빵은 생필품이다. 한국에서는 밀도의 담백식빵과 아티장 베이커스의 클래식 사워도우, 베즐리의 칠곡식빵을 냉동실에 항상 구비해놓고 가끔 별미로 스콘이나 모카빵 소보로빵 등을 먹었는데 영국 베이커리에선 죄다 사워도우, 바게트, 시나몬번, 스콘으로 통일해서 판다. 물론 사워도우는 말도 안 되게 싸다. 하지만 영국 사람들은 새로운 맛에 참으로 관심이 없구나 싶다. 맘모스빵 같은 건 바라지도 않으니 쫄깃담백한 밀도 식빵 좀 누가 배워오면 안 되겠니?

과일

다음 불만 카테고리는 단연 과일이다. 한국처럼 품종이 개발되지 않는다. 한라봉이 처음 등장했을 때 신기했는데 이젠 천혜향 레드향 황금향 등 더욱 선택지가 넓어지고 맛있어졌다. 영국에도 물론 여러 품종이 있고 Mandarin, Tangerine, Satsuma 등이 귤과 비슷하다. 문제는 껍질 까기 어렵고 당도도 떨어진다는 것.

그나마 귤은 잘 고르면 괜찮다. 맛에서 정말 크게 차이 나는 건 딸기다. 한국 딸기는 아시아에서도 유명하다. 싱가포르 친구 몇몇은 봄에 꼭 한국에 와서 매일 딸기 한 팩을 먹어 치우고 간다. 여기 딸기는 생김새만 딸기요 식감도 당도도 '노노'다. 배는 또 어떤가. 한국 배처럼 시원 달달한 배를 상상하면 큰 오산이다. 서양배는 떫고 건조하다. 어렸을 때 먹고 이미 마음을 굳게 닫아 다시 시도해보지도 않았다.

채소

다음은 채소. 어디서부터 시작해야 할까. 그래 고구마. 한국의 달콤하면서도 밤 같은 식감의 고구마는 없다. 물기가 많고 달지 않으면서 어찌나 큰지, 토막내지 않고 찌려면 한 시간을 쪄도 익지 않을 것 같은 비주얼이다. 그래서 그렇게 요거트 드레싱을 끼얹어 먹거나 튀겨서 먹나보다. 오이는 뚱뚱해 가운데 물컹거리는 씨가 너무 많다. 가지는 껍질이 질겨 벗겨 먹어야 할 수준이다.

가장 아쉬운 건 깻잎이다. 깻잎을 먹지 않아 아시아 식료품점을 가지 않으면 구할 수 없는데 한인 마트에서 스무 장에 4파운드(6,500원) 정도 한다. 올해 들어 딱 한 번 사먹었다. 부들부들 떨면서. 한국에선 막 두 장씩 싸먹는데. 신기한 건 한국 고깃집에서 리필하려면 추가요금을 내야 하는 명이나물이 영국에는 그냥 자생으로 자란다는 것. 그 얘기를 들었을 땐 이미 철이 지나 직접 채집해보진 못했지만 내년 봄에 주변 숲에서 '심봤다!'를 외쳐볼 수 있기를.

생선

생선은 아무래도 나라마다 달라 한국에서 흔하게 먹던 생선이 여기선 보이지 않는다. 내 최애 생선은 갈치와 고등어인데 여긴 갈치가 없다. 먹는 데 있어 모험 정신이 없는 걸로 알려진 영국인들은 주로 연어, 대구 cod와 haddock, 참치를 먹는다. 중국집에서 짬뽕 한 그릇 시키면 먹어도 먹어도 계속 나오는 오징어가 여기선 잘 유통되지 않는지 김치전에 넣어먹으려고 생선가게에 몇 번이나 들렀는데 못 사고 그냥 새우 넣고 부쳐 먹었고 아직도 오징어 짬뽕은 못 끓여먹었다. 오징어, 네가 뭔데 이렇게 비싸게 구는데? 먹고 말테다!

과자와 아이스크림

영국의 과자는 (조금 과장을 보태면) 딱 두 가지다. 감자칩과 쇼트브레드. 감자칩도 우리나라처럼 다양한 맛이 아니라 보통 Salted(소금), Salt & Vinegar(소금과 식초), Cheese & Onion(치즈와 양파). 결국 그냥 다 짜다. 편의점만 가도 재밌는 모양과 식감의 과자를 다양한 맛으로 즐길 수 있는 한국과 차원이 다르다. 더블린에서 일할 때 팀원들에게 꼬북칩을 한 상자 보내준 적도 있다.

아이스크림은 또 어떤가. 난 젤라또를 좋아하는 자칭 고급 입맛이다. 편의점 아이스크림 중에는 하겐다즈만 먹는다고 재수없게 말한다. 이젠 비비빅이나 메로나 아니면 붕어싸만코 하나만 먹음 소원이 없겠다. 여긴 바닐라 아이스크림에 초콜렛을 입힌 기본 아이스크림바만 있다(역시 과장을 섞어).

영국의 잇템

　아주 욕을 한 바가지 했으니 좋은 얘기도 좀 덧붙여야겠다. 영국에 있기 때문에 손쉽게 또는 값싸게 누리는 식재료. 일단 고기가 싸다. 삼겹살 500g에 3.5파운드(5,500원). 버터도 마찬가지. 한국에서는 9,000원 하는 이즈니 Isigny 버터가 250g에 2.5파운드(4,000원). 아보카도도 1파운드 정도면 살 수 있다. 베이킹족이라면 만세를 외칠 각종 베이킹 재료도 있다. 치즈와 와인도 훨씬 싸다. 한국에는 없는 와인도 구할 수 있다. 대신 소주는 심하게 비싸다(또르르). 우유를 좋아하는 유진이에 따르면 여기 우유가 훨씬 진하고 맛있다고 한다(한국보다 맛있는 거 겨우 찾았네).

　사실 맛은 지극히 주관적이다. 이렇게 불평을 늘어놓는 내가 떨어지면 꼭 사놓는 영국 식품이 있다. 베이크드 빈즈와 커스터드 크림. 캔 하나에 75펜스, 65펜스 한다. 영국 식자재가 성에 안 찬다고 실컷 투덜대놓고 정작 좋아하는 영국 식품은 영국 사람들도 싸구려 취급하는 통조림이라니. 이 두 가지는 추억의 음식이다. 어렸을 때 영국에서 학교 급식으로 먹은 음식이라 영국을 떠나 있는 내내 그리웠다. 외식을 하면 식당에서 직접 제조한 베이크드 빈즈나 커스터드 크림이 나올 때가 있는데 물론 더 고급이지만 난 하인즈 Heinz 베이크드빈즈와 암브로시아 Ambrosia 커스터드 크림의 저렴한 맛이 좋다. 걱정 없고 마냥 즐거웠던 그 시절의 맛.

세 번은 잦고 두 번은 아쉬운 유진

심장이 터진다 해도 좋아한다, 너

오늘도 나의 핏빗 Fitbit이 운동 열심히 하고 있다고 칭찬을 아낌없이 보내주고 있다. 심장박동이 120, 130 액티브 존 Active Zone을 채우고 있다고 알림이 오고, 폭죽까지 터트려 준다. 이렇게 가열하게 쉬지 않고 운동한 시간이 30분이 넘는다고 부르르 떨며 야단법석이다. 그러나 정작 나는 무거운 엉덩이를 의자에 붙이고 앉아서 와인을 음미하고 있다는 것을 나의 핏빗은 모른다. 멍청한 녀석.

그렇다. 나는 알코올 분해능력이 심각하게 떨어지는 애주가다. 맥주 한 잔, 와인 한 잔 마시면 얼굴이 붉어지고 심장이 요동친다. 손발이 붓고 심하면 손바닥에 물집도 올라오는데, 그럼에도 불구하고 나는 술이 좋다. 내가 애주가라고 하면 코웃음 칠 몇몇이 떠오르지만, 단언컨대, 나는 술을 좋아한다. 좋은 사람과 좋은 시간에 좋은 술과 음식을 함께 하는 그 경험이 좋고, 술 마시고 심박이 빨라지면서 평소보다 긴장이 풀어지고 행동이 둔탁해지고 정신이 느슨해지는 그 느낌도 좋다. 몸은 힘든데 마음이 좋아. 그러니까 사랑 애, 술 주 자를 쓸 수 있는, 애주가다. 애주가라고 다 술을 잘 마시는 건 아니지 않은가! 그 어떤 이성을 만났을 때도 이렇게까지 심장이 뛰었던 적이 없다(이건 슬픈 일인가… 싶기도).

이런 나와 달리 혜림이는 알코올에 강하다. 그렇지만 혜림이는 탄산을 좋아하지 않아서 맥주(뿐만 아니라 모든 탄산음료)는 안 마시고, 와인을 주로 찾는다. 화이트 와인을 좋아하는 혜림이에게 술은 맛있는 음식과 함께 있어야 빛을 발하는 음료이다. 파스타, 피자, 스테이크를 먹을 때는 와인, 삼겹살엔 소주 아니면 백세주처럼 음식과 술의 궁합이 맞아야 한다. 물론 혜림이도 가끔은 술이 먹고 싶어서 음식을 고를 때도 있지만. 알코올에 강한 혜림이는 처음 나의 심박수를 듣고 깜짝 놀랐고, 그럼에도 불구하고 술을 좋아하는 나를 보고 신기해 하였다. 몸이 힘든데도 지치지 않는 나의 술타령, 이제는 익숙해졌겠지만.

일주일에 세 번은 너무 잦고 두 번은 아쉬운

어쨌건 나와 혜림이는 런던에서의 코로나 동거를 시작하면서 다양한 와인을 마셔보기로 했다. 어디 나가지도 못 하고 외식도 못 하는데 와인 여행이라도 해보자는 취지로. 그렇지만 둘 다 와인을 잘 아는 건 아니다. 타닌의 텁텁하고 드라이한 맛을 즐긴다고 할 수는 없어서 레드 와인보다 시원하고 산뜻하게 마무리되는 화이트 와인을 주로 마신다. 품종을 굳이 따지지도 않고, 대체로 점원이 추천해주는 와인 중에서 고른다. 사실 원하는 와인이 어떤 거냐고 물으면 딱히 설명할 말이 떠오르지도 않는다. 점원이 추천해주면 끄덕끄덕하고는 그중에 라벨이 예쁜 것으로 골라온다. 덕분에 다양한 품종을 먹어보았다. 한국에서는 (몰라서) 잘 찾지 않았던 새로운 품종을 많이 알게 된 것은 나름 뿌듯한 일이다. 쉐닌 블랑 Chenin Blanc, 프리미티보 Primitivo, 피노 그리 Pinot Gris, 템프라니요 Tempranillo, 그르나슈 블랑 Grenache Blanc 등등.

처음 와인 여행을 시작하면서 우리는 일주일에 세 번 마시는 것으로 호기롭게 정했다. 그런데 일주일에 3일을 마시니 잦은 음주로 몸이 받쳐주지 않는다는 생각도 들고 그에 맞는 식사를 매번 준비하기도 쉽지 않았다. 세 번은 너무 많은 것 같으니 평일에 한 번, 주말에 한 번 정도로 줄이자고 다시 정했다. 그런데 또 두 번은 뭔가 아쉬웠다. 일주일 중에 평일은 5일이나 되는데 그중에 하루만 마시려니 아쉬울 수밖에. 그리고 혜림이는 회의가 많은 날처럼 술이 당기는 날이 있고, 나는 대체로 매일 술이 생각난다. 그래서 나는 가끔씩 맥주를 한 캔 사 와서 먹기 시작했는데, 어쩌다 보니 와인 셀러에 와인 쟁여 놓듯 식료품 선반 안에 맥주도 항상 챙겨 놓게 되었다. 결국 나는 일주일에 세 번쯤은 마신 꼴이다. 약간의 죄책감과 함께.

그렇게 우리가 아쉬움과 죄책감의 사이에서 고민하던 찰나에 나는 맹장염이 터졌고, 혜림이는 백신 1차 접종을 한 까닭에 우리의 음주 라이프는 잠시 휴식기를 맞았다. 나는 수술과 백신 1차 접종을 2주 간격으로 하는 바람에 술과 한 달을 헤어졌다. 내가 함께 마시지 못 하는 동안 새로운 와인은 따지 않고 먹던 와인을 마셨던 혜림이를 보 며 부러워했던 나의 철없음이란. 그렇게 한 달 만에 다시 만났던 날, 너무 행복했다. 어김없이 심박수가 급격하게 치솟았고 나의 기분도 함께 상승 곡선을 그렸다.

부지런한 음주와 게으른 와인 리스트

술을 마시기로 한 날은 곧 우리가 마음 다잡고 요리하는 날이다. 함 께 먹을 메뉴를 준비하느라 둘이서 엄청나게 부지런을 떤다. 어느 날 은 닭다리 정육을 사다가 염지하고 튀김가루 입혀 정성껏 두 번 튀기 고 양념까지 입힌다. 어느 날은 단호박을 사다가 삶아서 으깨고 생크 림 듬뿍 넣어 단호박 크림 파스타를 만든다. 몸보신하자며 스테이크 도 굽고, 꼬마 감자도 삶아 숟가락으로 눌러 스매쉬드 포테이토도 만 들고. 새우와 마늘 듬뿍 넣은 감바스에는 찰떡궁합인 막스앤스펜서 의 싸구려 바게트를 노릇노릇하게 굽는다. 삼겹살이 먹고 싶어서 콩 잎 장아찌 만들고, 파김치 담고, 쌈무도 준비하고 깻잎까지 만반의 준비를 하고 나면, 역시 삼겹살에는 소주니까 한국 식료품 가게까지 가서 참이슬도 준비하고, 그냥 소주는 심심하니까 요구르트도 사와 본다. 그렇게 온 마음을 다하여 열심히 만들고 제대로 한 상 차린 후에 너저분한 부엌을 팽개치고 일단 먹고 마신다. 딱, 거기까지 부지런하다. 먹으면서 오늘 와인은 맛있네 별로네 말만 할 뿐.

호기롭게 다양한 와인을 마셔보자고 의기투합하고, 마셔본 와인에 대해 평점도 남겨보자던 우리는 정리하는 데에 영~ 소질이 없다. 그래서 우리의 동거 기록 문서에 만들어진 와인 리스트 탭은 도통 업데이트가 되지 않는다. 평점은커녕 마신 와인을 다 정리하지도 못하고 있다. 먹고 마시는 것은 부지런한데 비해 게으른 우리의 와인 리스트. 동거 생활 반년을 지나고 있는 지금까지 우리가 마신 와인 16병, 평점이 매겨진 것은 없다. 하. 하. 하. 그나마 혜림이가 사진을 남겼고 나는 겨우겨우 품종, 산지, 빈티지를 엑셀에 정리해 넣었다. 이 중에는 기대보다 성공적인 것도 있고, 라벨의 귀여움에 비해 맛은 평균 이하였던 것도 있고, 산지의 명성만큼 훌륭했던 것도 있었다. 런던 동거 일상이 끝날 때쯤에는 우리만의 베스트 와인을 정해볼 수 있으려나?

맑은 날, 테라스, 오픈 10분 전 유진

"아직 오픈 전인데 조금 기다려 주시겠어요?"

"네. 바깥 자리에 앉고 싶은데 괜찮을까요?"

"원하는 자리에 앉으세요. 오픈 시간 되면 주문 받으러 올게요."

우리에게는 늘 일어나는 일이다. 아침 8시에 문 여는 카페에 7시 50분에 도착해서 바깥 테라스 자리를 스캔하고 고심한다. 어느 자리가 사람들의 이동이 가장 뜸할까, 테이블이 넓어서 혹시 우리 옆에 누구를 앉히지는 않을까, 설마 이 아침부터 그렇게 많은 사람들이 올까? 메뉴를 고르기 전에 자리를 고르느라 이미 한 차례 피로감이 온다. 아, 코로나 시대에 마스크 안 쓰는 게 기본 조건인 영국에서 외식하는 어려움이란!

런던 테라스에서 아침을

영국이 4월에 한 차례 거리두기를 완화하고, 식당들이 테이크아웃에서 벗어나 드디어 아웃도어 다이닝을 오픈했다. 혜림이는 (물론 그전부터) 일주일에도 몇 군데씩 가고 싶은 카페, 식당을 찾았다고 내게 알려주었다. 그리고 우리의 첫 번째 외식은 혜림이가 아끼는 오존 커피 로스터스 Ozone Coffee Roasters, 두 번째는 카페인 Kaffeine, 그리고 세 번째가 하이드 HIDE였다. 오존에서 아침을 먹었던 날은 날이 아직 너무 춥고, 해가 들지 않는 자리라 오들오들 떨며 먹었기에 맛있었지만 감동적이지는 않았다. 카페인에서의 아침은 제대로 된 식사라기보다는 그냥 간단하게 커피에 바나나 브레드 한 조각이었기에 행복했지만 강렬하지는 않았다. 그러나 4월 30일, 하이드에 방문한 날은 달랐다.

코로나 때문에 4월만 하더라도 우리는 되도록이면 대중교통을 이용하지 않으려고 했기에 1시간 20분을 걸어서 하이드에 도착했다. 8시 30분 오픈이었으니, 우리는 아침 7시에 집에서 출발한 것이다(나는 새벽 6시에 일어나는 진지함을 시현했다). 사람들과 가장 멀리 떨어져 앉을 수 있는 자리를 사수하려면, 미리 예약을 했더라도 오픈 전에 도착해야 한다! 테라스 가장 끝자리에 자리를 잡고, 그리고도 못미더워 테이블을 더 끝으로 옮겨 옆, 뒤 테이블과 최대한 멀리 떨어져 자리를 잡았다. 그리고 오기 전에도 몇 번이고 확인했던 메뉴판을 다시 한번 훑어보고, 그러나 미리 정하고 왔던 대로 크로크 마담 하나와 각자 크루아상, 플랫화이트를 시켰다. 미슐랭 1스타 레스토랑의 아침이었기에 서비스도 훌륭하고 모든 것이 완벽했다.

아침 햇살이 쏟아지는 테라스에서, 샛노란 서니사이드업 노른자를 가르며 잼, 버터, 각종 스프레드에 한 겹 한 겹 정성 가득한 크루아상을 먹으면서 우리는 연신 "그래 이거지", "너무 좋다", "역시 남이 차려주는 밥이지" 라며 감탄을 쏟아냈다. 코로나가 아니었다면 느껴보지 못했을 행복감이었지만, 역으로 코로나가 아니었다면 이토록 외식이 힘들 일도 아니었다. '당연한 것들'에 대한 절실함과 고마움은 개인의 방역 개념이 한국과는 전혀 다른 런던에서 더 크게, 더 강하게 온몸으로 다가왔다.

삼박자가 맞아야 가능한 외식

그날을 기점으로 외식을 향한 혜림이의 열정이 타올랐고 혜림이가 말해 준 우리가 가야 할 곳 목록이 꾸준히 표시되어 지금 내 구글 지도는 온통 초록색 깃발이 날리고 있다. 나도 한국에서는 나름 맛집 찾아다니는 것, 새로 생긴 카페나 식당 찾아다니는 것을 즐기고 열심이라고 생각했는데, 그것은 나의 착각이었다. 커피와 먹는 것에 진심인 혜림이가 있었다. 그녀는 매우 부지런했으며 치밀했고 노련했다. 코로나라는 특수한 환경을 고려하여 철저하게 조사했고 모든 기준에 부합해야 최종적으로 나에게 통보했다.

첫 박자는 메뉴

일단 아침 식사에 매우 진지한 혜림이에게 '커피'는 절대적으로 중요한 요인이다. 이탈리아식 진하고 쓴 커피는 혜림이에게는 커피가 아니다. 적당한 산미와 적절한 묵직함을 지니면서 너무 뜨겁지도 미지근하지도 않은 온도의 쫀쫀한 우유 거품이 함께하는 플랫화이트를, 혜림이는 이제 '비주얼'만으로도 어느 정도는 걸러낼 수 있다. 식사 메뉴 역시 허투루 고르지 않는다. 혜림이가 생각하는 메뉴의 조합과 창의적인 식자재, 한마디로 메뉴 하나쯤에는 그 식당 만의 킥 kick 이 필요했다. 또한 그 킥이 진정성 있는 것인가를 찾기 위해 구글 검색, 인스타그램 검색 정도는 기본이었다. 이것들을 갖췄다면 일단 후보로 들어올 수 있다.

두 번째 박자는 테라스

메뉴가 괜찮다고 해도, 코로나 시대이므로 감염 예방을 위해 실내에서 식사를 하지 않는다. 7월에 모든 거리두기 조치가 해제되고 (물론 해제되기 전에도 그랬지만) 대체로 마스크를 쓰지 않고 다니는 런더너들과 부대끼며 실내에서 밥을 먹을 수는 없었다. 따라서 실외 자리가 확보되어야 한다. 그러나 실외 자리가 있는 것만으로는 혜림이의 조건을 통과할 수 없다. 옆 사람들과 적절한 거리가 유지되어야 하고, 런던의 변덕스러운 날씨로 혹여 비가 내릴 수도 있으니 비를 피할수 있는 천막이 쳐져 있는지도 봐야 한다. 이 모든 것을 갖추었다면 다음은 하늘의 뜻이다.

마지막 박자는 날씨

아웃도어 다이닝을 위해서 가장 중요한 요소 중에 하나다. 하루에
도 비가 왔다가 해가 났다가 흐렸다가 바람이 불다가 혼자서 북 치고
장구 치고 다 하는 런던 날씨이기에, 마지막은 바로 '쨍하게 해나는
날'이어야 한다. 세찬 비바람을 뚫고 밥을 먹을 수는 없다. 햇살이 등
을 따뜻하게 어루만져 주는 날 테라스에서 먹는 음식이 주는 행복감
을 우리는 이미 하이드에서 경험했다. 그래서 우리는 매일 날씨를 검
색한다. 과연 다음 주에는 언제 외식을 할 수 있을 것인가. 신이여 허
락하소서.

이게 이럴 일인가

삼박자를 갖추어 정해진 디데이 D-day. 우리의 마지막 노력은 오픈
시간 전에 도착하는 것. 10분 전 도착을 목표로 바지런히 준비하여
나간다. 점심과 저녁은 괜찮지만 아침은 혜림이도 나도 각자의 생활
패턴에서 노력과 인내가 필요하다. 기상시간이 이른 혜림이는(새벽 5
시 전후) 최소 8시까지 공복 상태를 유지해야 하고, 기상시간이 늦은
나는(아침 8시 전후) 새벽 6시쯤에는 일어나야 한다. 그나마 조금 더

마음 편하게 먹기 위해서. 우리는 이게 이럴 일인가를 생각한다. 밥 한 번 먹기가 이렇게 어려울 일인가. 그러나 이럴 일이다. 코로나에 걸리지 않고, 무탈히, 맛있게, 즐겁게 먹기 위해서.

　방금 카톡으로 사진이 도착했다. 매우 오래전부터 혜림이의 리스트에 올라있던 '더스티 너클 베이커리 Dusty Knuckle Bakery'의 '그린게이지와 아몬드 프랄린 Greengage and almond praline 페이스트리'. 자두를 좋아하는 날 위한 추천! 오늘도 혜림이의 런던 맛집 리스트는 차곡차곡 쌓여가고 있다.

아플 땐 플랫화이트 유진

5월, 몸보신은 이렇게 하는 거지

5월의 우리는 파란만장했다. 혜림이는 감기와 화이자 1차 접종, 나는 맹장염과 화이자 1차 접종(맹장염 수술을 한 터라 혜림이가 2주 먼저 접종하고 나는 그다음에 맞았다). 맹장염 수술 후 퇴원한 나는 정말 하루종일 잤다. 자는 것 말고는 할 수 없는 몸 상태. 혜림이는 백신 예약을 앞두고 감기 기운으로 체력 바닥. 둘 다 조심하는 차원에서 밥은 따로 먹었는데, 같이 먹어야 더 맛있다는 걸 알고 난 다음이라 혼자 먹는 밥은 조금 쓸쓸한 느낌이었다. 나는 혜림이가 만들어 둔 메추리알 장조림, 진미채 무침, 깍두기로 밥을 잘 먹고 생각보다 빠르게 나아지고 있었다. 그래도 아플 땐 단백질이니까 고기를 먹자며 혜림이가 고급 정육점의 소고기를 사 와서 스테이크를 굽고 각종 야채들도 구워 먹고 원기회복을 하였다. 기분이 저기압일 때뿐만 아니라 체력이 저기압일 때도 고기 앞으로.

그런데 혜림이가 백신 예약을 앞두고 감기 기운이 사라지지 않았다. 입맛도 없다고 하고. 이럴 때 "옥수수 수프 간단하게 먹으면 좋은

데"라고 했지만 옥수수 수프는 없었다(마트에서 그렇게 오만 가지 수프를 파는데 왜 어째서 옥수수 수프는 안 파는 거냐? 일본 식자재 마트마저 배신!). 대신 옥수수 통조림은 있었다. 잘 먹어야 금방 낫고, 나아야 백신도 맞는다. 그리고 집 떠나 아프면 서럽다고. 나는 후다닥 인터넷으로 옥수수 수프 레시피를 찾았다. 재료도 별로 많이 필요 없었고, 만드는 방법도 쉬웠기 때문에 옥수수 통조림으로 끓여 보았다. 내가 병실에 누워있을 때 바리바리 싸온 혜림이의 정성과, 집에 혼자 있으며 나를 기다리는 동안 만든 반찬들에 보은하는 의미에서 준비한 옥수수 수프였는데 혜림이가 맛있게 먹어주어서 더 행복했다. 나 역시 한 술 뜨면서 느낀 따끈한 수프의 포근한 위로.

혜림이는 빨리 맞아서 염려를 없애는 편이 좋겠다며 1차 백신을 맞고 왔다. 열이 나지는 않는데 갈증이 난다며 연신 물을 마셨고 시원한 주스가 먹고 싶다고 했다. 굉장히 흔할 것 같은 주스인데 대세가 스무디라 그런가 마트에 오렌지 주스 말고는 잘 보이지 않았다. 영국 마트는 의외로 허당이다. 백신도 맞았고 수술도 했으니 잘 먹어야 한다며 일본 마트에서 장어도 사다 구워 먹고, 홀푸드 Whole Foods Market에서 소꼬리를 사다가 한국에서는 남대문 꼬리곰탕집에서 사 먹기만 하던 그 꼬리곰탕을 끓였다. 핏물 빼고 푹푹 끓이며 기름 걷어내는 작업 끝에 진국이 나왔다. 런던 하늘 아래 비비고 기댈 곳은 서로밖에 없는 우리니까, 우리는 우리끼리 스스로 알아서 잘 챙겨 먹어야 한다는 생각으로 몸보신에 집중한 5월이었다.

7월, 이걸로 몸보신이 되겠어?

7월 1일. 밖에 나갔다 왔는데 혜림이가 백신을 맞으러 나가야 한다고 했다. 아직 2차 접종하려면 몇 주 남았는데? 동네 백신 센터에 예약 없이 방문해도 맞을 수 있다는 입간판을 보고 온 혜림이가 얼른 가자고 한 것이다. 그렇게 준비 없이 2차 접종을 완료했다. 원래 백신 맞고 아플 수 있으니 그 전에 장어도 사다 놓고 몸보신할 요리 재료를 사두려고 했는데 엉겁결에 백신을 맞았다. 만반의 준비는 고사하고 1차 백신 때의 갈증에 대비하여 혜림이가 미리 막스앤스펜서 주스를 사둔 것이 전부였다. 백신 맞고 집에 가는 길에 며칠 앓게 되면 장 보러 못 나올 것을 대비하여 꼭 필요한 것만 사고 집으로 귀가. 타이레놀을 머리맡에 두고 잠을 청했다.

딱히 고열이 나지는 않았고 열이 좀 나나 싶어 타이레놀을 먹고 한숨 자고, 머리가 아프고 몸살 기운이 나서 또 타이레놀 먹고 한숨 자고, 그 사이사이에 뭔가 밥을 먹긴 했으나 딱히 기억나지 않는 3일이 지났다. 너무 아팠다고 말하기에는 부족하고, 별로 안 아팠는데 하기에는 아팠던 느낌. 그리고 정작 갈증에 대비하여 사다 놓은 주스는 안

당기고 생각나는 건 커피 한 잔이었다. 혜림이는 괜찮은 것 같다며 백신 맞은 다음날 커피를 마시고 왔고(그러나 괜찮지 않았다. 오후부터 혜림이도 침대와 한 몸), 나는 3일이 지난 후에야 몸을 추스르고 처음 밖으로 나가 플랫화이트를 들이켰다. 카페인이 돈다. 눈이 떠진다. 팔다리에 힘이 들어간다. 그래 역시 너야 커피. 꼬리곰탕도, 장어구이도 해줄 수 없는, 감각을 깨우는 자!

결국 사다 놓은 주스 두 통은 거의 한 달이 걸려 소진되었다. 계획했던 몸보신용 음식은 먹지 않았다. 우리의 몸은 손수 만든 옥수수 수프나 몸에 좋다는 꼬리곰탕, 장어구이 같은 것들보다 오히려 싸구려 소세지롤, 통조림 베이크드 빈즈, 매콤한 쫄면에 삼겹살 구이 토핑, 카페인 듬뿍 든 커피 한 잔에 더 반응했다. 몸이 안 좋을 때 몸에 안 좋은 것들이 더 생각나는 아이러니라니. 뭐 그렇다 한들 어떠한가? 잘 먹고 마음이 든든하다면 그만이지. 몸보신 전에 마음 보신이 먼저 아니겠는가? 불어나는 뱃살과 뚠뚠해지는 엉덩이는? 아 몰라, 내일의 나에게 맡기겠어.

3장

동상이몽 동거 라이프

유진 minus 맹장 유진

5월 12일 새벽 2시

전날 저녁을 먹은 후 속이 좋지 않았다. 밤 늦게 구토와 울렁증을 경험하고, 오른쪽 배의 복통이 여느 때와 다름을 느꼈다. 맹장염을 의심했지만, 야간 응급실에 가고 싶지 않았다. 그러나 새벽 2시, 다시 한번 울렁증과 식은땀이 찾아왔다. 이제는 가야겠다. 자고 있는 혜림이를 깨우고 대충 챙겨 입고 나오는데 불현듯 이 집을 얻을 때가 기억났다. "여기 바로 옆에 응급실 있는 종합병원 있어서 밤에 앰뷸런스 다니면 시끄럽지는 않을까?"라고 말했던 기억. 그리고 나는 그 응급실 있는 종합병원 '로열 프리 병원 Royal Free Hospital' 응급실로 걸어 갔다. 도보 5분 거리에 종합병원이 있는 집을 얻은 보람을 절실하게 느끼며, 걸었던 길 중 가장 짧고도 긴 길을 걸었다.

응급실 입구에 들어서 체온 측정을 하고 바로 옆 안내 받은 입구에 들어서자 코로나 때문에 보호자 동반은 안 된단다. 에잇 빌어먹을 코로나! 혜림이와 인사도 제대로 못하고 혼자 병원에 들어와 버렸다. 그렇게 우리는 황망하게 헤어졌다. 새벽 2시 48분. 철저하게 혼자가 된 시간. 갑자기 정신이 또렷해졌다. '이제 나 혼자다. 정신 똑바로 차려야 살아서 나간다.' 접수대에서 신상정보를 확인하고 의자만 있는 대기실에 들어서니 나 말고도 한 6~7명이 앉아 있었다. 다들 아프다고 구르지도 않았고 적막만 흘렀다. 자리에 앉고 나니 온갖 생각들로 머릿속이 뒤엉켰다.

'왜. 지금. 이 시점에. 40년 동안 멀쩡하던 맹장이 폭발한 것인가! 아냐 맹장이 아닐 수도 있지. 그냥 장염이나 급체일지도 모르지. 맹장인 줄 알았는데 맹장 말고 더 안 좋은 병이 생긴 건 아니겠지? 심지어 아픈데 아무도 옆에 있을 수 없는 코로나, 너 정말 뭐냐! 영국에서 수술받아도 괜찮겠지? 마취에서 못 깨어나는 건 아니겠지? 한국에 갈 수는 없으니까, 맹장수술 정도는 괜찮겠지. 작은 병원도 아니고 큰 병원인데. 엄마 아빠한테는 언제 말하지? 걱정하실 텐데, 눈 뜨면 한국이면 좋겠다! 서울이면 좋겠다고!'

5월 12일 새벽 5시

시간은 하염없이 흘렀다. 간호사를 붙잡고 나 베드 좀 달라고 부탁해서 얻은 침상에 누워 수액을 맞고, 응급실 담당의가 와서 증상을 듣더니 CT를 찍어봐야 할 것 같다고 말한 지도 두어 시간은 흘렀다. '아

픈데 언제 검사하고 언제 수술하는 거야, 왜 안 불러주는 거냐고!'

이 날이 오기 전까지, 나는 내가 아주 느긋한 성격이라고 생각한 적
은 없었지만 인내심은 있는 편이라고 생각했다. 약속 시간에 늦는 사
람이 있어도 그럴 수 있다고 생각했고, 음식이 좀 늦게 나와도 혼자
투덜거리긴 하지만 불만을 표시하지 않는 편이었다. 그리고 아픔이
나 불편함도 잘 참는 쪽이었다. 그런 내게 영국 병원은 인내심의 한계
를 테스트하는 실험대의 역할을 톡톡히 했다. 새벽부터 기다리고 기
다린 끝에 오전 7시쯤 CT를 찍었고, 진통제 2통을 맞고 5시간의 인
내심 시험대에 올려져 있었다.

5월 12일 오후 12시

드디어 수술 담당 의사를 만났다. 나의 분노가 무색할 정도로 담당
의는 차분했고 상냥했으며 친절하게 설명해 줬고 다정한 눈길을 보
내줬다. 화도 마음껏 못 내게. 모든 이들이 친절했다. 마취과 담당의,
수술실까지 안내해주던 간호사, 수술실에서 내게 좋아하는 음악을
틀어주겠다던 간호사까지. 수술대에 누웠다. 산소 호흡기를 쥔 손에
조금씩 힘이 풀리는 기분을 느끼며 귓가에 들려오는 클래식 선율 속
으로 잠들었다.

5월 12일 오후 5시

회복실에서 눈을 떴다. 마취약 덕분에(?) 그 시간대의 기억은 뚝뚝 끊겨 있다. 특히 병동으로 이동한 장면이 삭제되었다. 마치 순간이동을 했나 싶을 만큼. 여기가 런던은 맞는 걸까, 내가 들어갔던 그 병원이 맞는 걸까 싶었다. 혹시 다른 곳에서 눈 뜬 것은 아닐까, 여기서 나가면 집에 갈 수 있을까 하는 터무니없는 생각마저 들었다.

저녁을 먹고 병문안은 안 되지만 물건 반입은 가능하다길래 혜림이에게 필요한 것들을 받기로 했다. 그런데, 조금 있다가 나의 플랫메이트 혜림이가 눈앞에 짜!! 나타났다. 엉겁결에 혈혈단신 들어온 병원에서 18시간 만에 만난 혜림이가 너무 반가웠다! 생필품과 함께 수박, 망고, 귤, 사과, 바나나, 율무차, 따뜻한 물 그리고 내가 좋아하는 당근케이크까지 바리바리 많은 것들을 알차게 싸왔다. 엄마 같았다. 우리가 같이 살게 된 그 우연과 같은 인연 안에 이 계획도 있었던 걸까 싶을 만큼. 그녀의 존재는 든든했고 위안이 되었으며 감사했다. 혜림이가 돌아가고 의사가 와서 수술은 잘 끝났고 회복 상태도 괜찮은 것 같아서 내일 퇴원할 수 있을 것 같다고 말해주었다. 정말, 내일 퇴원해도 되는 건가요?

5월 13일 오후 3시

점심 먹고 나니 진단서와 퇴원 확인서를 주며 내게 환복하고 집에 가라고 했다. 그렇게 퇴원했다. 진통제, 항생제 하나 없이. 심지어 지불해야 할 병원비도 없어서 마치 아무 일도 없었다는 듯이, 캄캄한 새벽 내 발로 걸어 들어온 36시간의 긴 터널을 지나 내 몸에서 충수 끝 염증 난 돌기만 떼어 남겨놓고 다시 내 발로 걸어서 이 세상으로 돌아왔다. 병원 문을 나설 때의 그 낯선 기분은 지금도 생생하다. 내 발로 이동한 공간들이 거의 없었기에 공간의 개념을 상실했고, 마취로 인한 기억 단절로 시간의 개념을 상실했다. 그래서일까? 마치 다시 돌아가라고 하면 갈 수 없는 곳을 다녀온 기분이다. 병원 문 밖에서 들려오는 사람들의 말소리와 자동차 소리가 익숙하지만 생경했고, 그 사이 내린 비로 서늘하고 습한 대기의 느낌은 좋으면서 낯설었다. 평행 우주론처럼 내가 인지하지 못했던 다른 시공간을 다녀온다면 이런 느낌일까? 내가 그곳에 있었다는 사실을 의무기록이 증명해 주겠지만, 그곳이 과연 내가 알고 기록이 말해주는 로열 프리 병원이 맞을까?

영국에 오기 전 2년여의 시간 동안 처음으로 자차 운전을 하며 서울과 세종시를 줄기차게 오가고, 강릉, 강화도, 고창, 공주로 여행도 다녔다. 나는 드디어 '으른'이 된 기분이었다. 혼자 심야 고속도로를 달리며 목청껏 노래를 부르는 쾌감, 매일 부모님이 태워주시던 차로 이제는 내가 부모님을 모시고 어디든 가게 된 뿌듯함을 말하며 이렇게 어른이 되었다고 좋아했었다. 그러나 '으른'이 되는 과정은 역시 그런 꽃길만은 아니었다. 가장 취약한 순간, 누군가의 도움이 가장 필요한 순간에 홀로 남겨졌다. 아는 사람은 없고 스쳐 지나가는 사람들만 있었으며 기억하지 못하는 시간의 조각들과 기억하지만 낯선 시간이 생겼고, 내가 지배할 수 없는 공간 속에 있었다. 그 36시간 동안 '나한테 왜 이래!' 라고 분노했지만, 인생이 내 뜻대로 되지 않는다는 것을 받아들이기까지 그리 오래 걸리지 않았고 잘 이겨내려고 애썼다. 그렇게 나는 오롯이 혼자가 된다는 것의 의미와 역설적으로 혼자가 되었지만 혼자가 아니라는 고마움을, 그리고 이 모든 상황을 이겨낼 수 있는 나란 사람을 확인함으로써, 또 한 번 '으른'이 되었다.

Special Thanks To

홀로 병원에 남겨진 긴 시간을 버틸 수 있었던 것은 랜선으로 함께해준 사람들이 있었기 때문이다. 먼 타지에서 홀로 수술하는 딸을 언니를 걱정해준 나의 가족과, 동거인이자 식구이고 보호자이며 엄마였던 혜림이가 있었고, 매주 줌 Zoom으로 수다방을 열어 시시콜콜한 이야기까지 나누는 독수리 오형제들과, 2016년부터 든든한 이웃이 되어 준 세종시 반상회 친구들, 무려 20년을 훌쩍 넘는 세월 동안 언제나 그 자리에 있어준 고등학교 동창들, 그리고 여수에서 걱정해준 사무관님의 위로 덕분에 나는 외롭지 않았다. 기다림에 지쳐갈 때쯤 보내주는 응원, 안부, 위로의 문자들로 다시 버틸 수 있었다. 다들 고마워요!

유진 minus 맹장 혜림

2020년 3월, 한국이나 다른 유럽 국가들보다 한걸음 늦게 코로나가 확산된(검사를 제대로 하지 않아 감지가 늦어진 걸지도) 영국에서 상황이 빠르게 악화되고 전국봉쇄령인 록다운이 내려졌다. 초기에 집단면역 방안이 오가고 독감과 비슷하다는 등 의료진 외 일반인은 마스크 쓸 필요 없다는 등 한국과 아주 다른 정책을 내놓은 영국에서 사람들은 어쩔 수 없이 집에 머물 뿐, 허용된 활동은 최대한 누리는 기색이었다. 날이 좋으면 공원에 사람이 바글바글 했고, 가뭄에 콩 나듯 보이는 마스크나 실리콘 장갑을 낀 영국인들도 정확한 사용법을 모르는 듯 상점에 들어갈 때 주머니에서 꼬깃꼬깃한 마스크를 꺼내 쓰고, 장갑 낀 손으로 얼굴을 만지는 행동을 일삼았다.

하루가 멀다하고 한국에 있는 친구와 지인들로부터 걱정어린 메시지가 왔다.

"안 들어와? 거기 너무 심각하던데?"
"거기서 뭐하냐 얼른 안 오고!"

바깥에서 보는 것만큼 심각하지 않으며 여기도 사람 사는 곳이라고, 조심하고 있다고 둘러대며 서로 건강하라는 말로 보통 대화를 마무리 지었다.

이런 얼버무림이 통하지 않는 이가 있었으니, 대학교 베프 윤미다.
"코로나도 코로나인데 다른 걸로 급히 아픔 어떡해. 맹장이든가 이런 거."

혹시나… 하는 마음으로 윤미가 언급한 맹장 터지는 일이 실제로 발생할 줄이야. 내가 아니라 나의 동거인 유진이에게.

런던에 맹장을 내준 너에게

2021년 5월 12일 새벽. 한잠 자고 있는데 내 이름을 들은 것 같았다.

"혜림아…" 완전히 깨지 않은 상태에서 유진이 목소리라는 인지는 한 것 같았다. 평소에도 방에 있을 때는 웬만하면 밖에서 부르지 않는 유진이라 어렴풋이 머릿속에 사이렌이 울린 것도 같다.

"응?"

"나 병원 가야할 것 같아."

"왜? 아파?"

"맹장 같아."

정확한 대화는 기억나지 않는다.

"알았어. 신분증 챙겨."

평소에도 구급차를 부르면 1시간을 기다려야 하는 영국에서 걸어서 5분 거리에 대형 종합병원이 있다는 게 이렇게 고마울 수가 없었다.

"걸을 수 있겠어?"

엄살이라고는 1g도 없는 유진이는 모르는 사람이 보면 멀쩡한 걸음으로 병원까지 걸었다. 새벽 2시 30분, 이 시각의 바깥 공기는 처음이었다. 걸으면서 맹장염이 영어로 뭔지 검색했다. 어펜디싸이티스 appendicitis, 어펜디싸이티스. 몇 번 반복해봤다.

응급실이라 쓰여있는 입구로 들어가 "얘가 맹장염 같아요"라고 하자 유진이 체온을 측정하더니 초록색 종이 쪼가리를 주고는 나가서 바로 옆 입구로 들어가라고 한다. 얼른 가서 유진이 손에 들린 쪽지를 보여주자 들어가라고 하더니 뒤따르는 나를 막아선다. '입구컷'이 이런 거구나. 보호자라고 해도 고개를 흔든다. 유진이는 건물 안으로 들어갔다. 얼른 다시 처음 갔던 곳으로 가 나는 못 들어가냐고 묻자 코로나 때문에 환자만 들어갈 수 있다고. 그럼 앞으로 절차가 어떻게 되냐, 일단 검사를 하고 검사 결과가 맹장염이면 수술을 할 거라고. 검사 결과 나오는 데만 두 시간 넘게 걸릴테니 집에 가 있으라고. 여기 있을 곳 없다고.

그렇게 나는 터덜터덜 돌아왔다. 오래 기다릴 생각으로, 날이 밝아 근무시간이 되면 병원에서 일할 생각으로 노트북까지 챙겨온 게 민망하게.

집에 돌아와 식탁 의자에 앉았다. '유진이 너무 엄살이 없어서 별로 안 아픈 줄 알면 어떡하지? 죽는 시늉이라도 해야 빨리 해줄 텐데.' 그 사이 유진이는 아픈 몸을 이끌고 접수하고 침대도 없는 대기실 의자에 앉아 기다렸다. 눈 뜨면 서울이면 좋겠다는 말에 마음이 아팠다. 내가 해줄 수 있는 게 아무것도 없는 게 괴로웠다. 눈치없이 배는 고파 냉장고를 여니 내가 먹는 요거트가 거의 다 떨어진 걸 본 유진이가 새로 한 통 사다놓은 게 눈에 들어왔다. '요거트는 있는데 너는 왜 없는 거야.' 요거트를 먹고 유진이와 한참 메시지를 주고 받다 샤워를 했다. 혹시라도 연락이 올까 지퍼백에 전화기를 넣고 옆에 둔 채로.

소변 검사, 피 검사, CT, 코로나 검사까지 마친 유진이는 장장 10시간을 기다린 끝에 오후 1시 넘어서 수술실에 들어갔다. 유진이는 외국에서 아픈 몸으로 모든 걸 혼자 해냈다. 혹시 수술할 때는 보호자를 들여보내주려나 희망을 갖고 기다렸으나 퇴짜 맞고 유진이가 수술 들어간 후에 깍두기를 담았다. 심란할 땐 집안일이지.

수술 끝나고 필요한 물건을 전달해줄 수 있다고 해서 유진이가 깨어나기만을 기다렸다. 치약 칫솔 화장품 마스크와 혹시 밤에 배고프면 먹을 수 있게 과일과 당근 케이크를 싸갔다. 7층 입구에서 전달하라는 말에 엘리베이터를 타고 올라갔는데 문을 열어준 직원이 묻지도 않고 그냥 자기 할일 하러 가버려 얼떨결에 병실을 기웃거리다 유진이를 찾았고 뜻밖에 30분 정도 머물다 갈 수 있었다.

아프지 말기

다음 날, 유진이가 퇴원하기 전에 집 정리를 했다. 신기하게 평소에는 바로바로 치우고 정리하는데 혼자 있으니 의욕이 없어 24시간 만에 꽤나 어지럽혔다. 청소기를 돌리고 유진이 방 환기를 시켰다. 침대와 바닥에 놓인 잠옷이 전날의 다급함을 말해주고 있었다. 현관문 앞에 슬리퍼가 없어 아니 설마 그 와중에 신발장에 넣은 거야? 했는데 방에 벗어놓은 잠옷 바지 밑에 숨어 있었다.

 40년의 많은 세월 중 하필 영국에 있는 1년도 채 안 되는 기간에 존재감을 드러낸 유진이 맹장. 덕분에 유진이는 영원히 런던 햄프스테드를 잊을 수 없을 듯하다. 아픈 맹장 부여잡고 두 발로 걸어 들어가 36시간 만에 '맹장-less 버전'으로 역시나 두 발로 씩씩하게 걸어나온 유진이. 쉽게 할 수 없는 특별한 경험이었지만 앞으로 이런 경험은 최대한 자제하는 걸로!

나만 개 없어 혜림

'다음 생에는 토끼로 태어날거야.'

오리털 패딩에 두꺼운 목도리를 칭칭 감고 집을 나서는 추운 겨울 날, 카펫 구석자리에 앉아 나를 지켜보는 토리미(9년을 함께한 토끼)의 모습에 '토끼 팔자가 상팔자'라는 생각이 들었다.

하지만 난 본래 개를 좋아하는 사람 dog-person이다. 어렸을 때부터 강아지 키우게 해달라고 조르고 조르다 겨우 허락 받은 게 토끼였을 뿐. 영국에 머물며 개를 키우고픈 욕구가 다시 폭발하고 있다.

영국인의 개 사랑

런던 곳곳에 있는 공원은 개 천지다. 정말 '나만 개 없어'라는 말이 절로 나온다. 영국 반려견의 하루 평균 활동시간이 177분이라고 하니 공원에 개가 많은 것도 놀랄 일이 아니다. 내가 좋아하는 리트리버에서부터 다양한 불독도 자주 보인다. 공원 안에서는 목줄을 풀어놓는 경우가 많아 자유롭게 뛰어논다. 뭐라도 먹고 있으면 관심을 갖고 다가와 개를 무서워하는 유진이가 식겁한 게 한두 번이 아니다.

영국인의 개 사랑은 남다르다. 1859년 영국에서 최초의 독쇼 Dog Show가 열렸고 지금은 1년에 3000회가 넘는 행사가 열린다고 한다. 영국 케널 클럽 Kennel Club은 1873년 설립된 세계 최고 권위의 애견단체로 케널 클럽에 독립 품종으로 등록되면 국제적으로 인정 받는 명품견의 반열에 올랐다는 것을 의미한다(우리나라 진돗개는 2006년 등록됐다).

영국 왕실은 대대로 개를 키웠고 각자 좋아하는 견종이 있어 같은 품종을 계속 키우는 게 전통처럼 됐다고 한다. 예를 들어 엘리자베스 여왕은 코기를 좋아해 평생 서른 마리가 넘는 코기를 길렀다. 코기와 닥스훈트의 교배로 나온 도기 종을 여러 마리 키웠고 지금은 '캔디'만 남았다. 찰스 왕세자는 어려서는 래브라도 리트리버를 키웠지만 그 후로는 잭 러셀 테리어를 여러 마리 키웠고, 윌리엄 왕세손은 코커 스파니엘을 좋아한다.

영국 반려견의 평균 활동시간 하루 177분은 한국의 주중 59분(주말 84분)의 3배에 달한다. 영국의 녹지 분포 등 도시 환경이 한국과 확연히 다르지만 다른 유럽 국가나 미국, 호주에 비해서도 높다. 영국인들이 이렇게 개 산책을 좋아하는 이유를 분석한 기사에 따르면 기본적으로 영국인들이 산책을 좋아한다는 데서 주원인을 찾는다. 여기에 내향적인 영국 사람들이 개를 매개로 대화를 하고 훈련이 잘 된 개를 데리고 다니며 자랑거리로 삼는 것도 요인으로 꼽았다. 이유가 어찌됐든 목줄 없이 신나게 풀밭을 내달리는 강아지를 보고 있으면 토끼가 아니라 영국 개로 태어나볼까 살짝 마음이 흔들린다.

내 개야 어디 있니

나는 왜 그렇게 개가 좋을까. 동생이 없는 막내라 사람이 아니어도 무언가를 돌보고 책임지고 싶은 욕구에서 나오는 게 아닐까 처음에는 생각했다. 근데 토리미를 키워보고 나니 그보다 더 깊은, 인간 관계에서는 맛볼 수 없는 만족감과 행복이 있다는 걸 느꼈다. 나에게 완전히 의지하는 존재는 사랑하지 않을 수 없다. 내가 밥을 주지 않으면 굶고, 내가 똥을 치워주지 않으면 냄새나는 채로 지내야 하는, 사람으로 치면 아기인 셈이다. 평생. 자식은 크면서 자기도 모르게 바라는 게 생기고 서로가 상처를 주는 걸 피할 수 없지만 반려동물은 죽을 때까지 건강한 거 말고는 정말 원하는 게 없다. 물론 자식이 가져다주는 다양한 종류의 기쁨과 행복은 차원이 다르겠지?

바깥에서 힘들거나 기분이 안 좋은 일이 있어도 집에 들어와 토리미를 보면 마음이 풀렸다. 슬프거나 서러워 눈물이 날 때면 토리미를 찾아 껴안고 울었다. 토리미는 그 존재만으로 위로가 됐다. 지금은 나를 위로해줄 토리미가 없어 토끼 인형을 껴안고 잔다. 하도 껴안고 뒹굴어서 어깨 관절이 흐물흐물, 팔이 떨어져 나갈까봐 불안할 정도다.

얼마 전 켄싱턴 가든 Kensington Gardens을 걷다 벤치에 앉아 책을 읽고 있는 주인 옆에 누워 있는 리트리버를 봤다. 자세가 불편해 보여 유진이에게 한 마디 했는데 자기 얘기하는 줄 어찌 알았는지 벌떡 일어나 다가왔다. 입에 물고 있던 공을 발 앞에 떨구고 빤히 쳐다본다. 공을 주워 힘껏 던져주니 못 찾고 헤매 결국 찾아다 줬는데 굴하지 않고 자꾸 던져달라 한다. 주인에게 물어보니 '코나'라는 암컷 리트리버, 이런 일이 종종 있는지 주인은 관심이 1도 없다. 덕분에 남의 개와 공놀이하며 잠깐 즐거운 시간을 보냈다.

나도 개 키우고 싶다고 외쳐보지만 안정적인 거처도 없는 지금, 공원에 가면 달려드는 남의 개와 유튜브 속 랜선 개로 대리만족하는 수밖에. 언젠가는 나도 집에 돌아오면 허리가 끊어져라 꼬리를 흔들며 반겨주는, 남의 개가 아닌 우리 개가 생기길 열심히 기도한다.

나만 개 없어도 괜찮아 유진

어딜 가도 개와 함께

아파트 테라스에 앉아 있으면 개 짖는 소리가 들린다. 까맣고 큰 개, 하얗고 큰 개, 털이 복슬복슬한 작은 개 등등. 이렇게밖에 설명 못하는 이유는 내게는 개의 종류를 구분하는 눈이 거의 없기 때문이다. 내가 아는 개 종류는 포메리안, 닥스훈트, 불독, 슈나우저 정도? 혜림이 덕분에 리트리버도 살짝 구분할 수 있긴 하다. 여전히 리트리버 안에서의 세세한 구분은 모르겠지만. 주인과 함께 산책하러 나가고 들어오는 길에 짖고, 아이들과 노느라 짖고, 택배 배달원을 향해서도 짖고 그저 짖는다. 시끄럽다.

집 앞 햄프스테드 히스 공원에 산책하러 가면 너도나도 개를 데리고 걷고 있다. 개를 데리고 걷는 건지 개에게 끌려다니는 건지 알 수 없지만. 어쨌건 모두 개와 함께 있다. 대형견을 데리고 와도 공원에서는 목줄을 채우지 않는 경우가 많아 갑자기 달려가거나 달려오는 개들 때문에 놀라기 일쑤다. 그리고 공원 산책로마다 개똥도 많다. 바로바로 치우는 개 주인도 많이 봤지만, 그렇지 않은 사람들도 많은 모양이다. 잔디가 무성한 공원을 걸을 때는 혹시나 개똥을 밟지 않을까 염려되기도 할 만큼. 개를 사랑하고 아끼는 것에 비해 나처럼 개에 대한 애정이 없는 비애견인에 대한 배려가 완벽하다고는 할 수 없다. 목줄을 잘 채우고, 개똥도 잘 치워 주면 더 좋겠습니다만.

가끔 공원에 구운 김밥을 싸가거나 샌드위치를 사서 피크닉을 가면 앉아 있는 우리 주변으로 개들이 달려든다. 놀아 달라는 건지 먹을 걸 달라는 건지 알 수 없지만 달려든다. 오지마. 나는 한껏 눈을 부릅뜨고 말해 보는데, 부질없는 일이다. 주인도 막지 못하는 개의 의지를 고작 나 따위가 어떻게 막겠는가. 하루는 샌드위치를 맛있게 먹으며 푸른 잔디와 시원한 바람을 만끽하고 있었다. 그런데 어디선가 개가 달려와 내 허벅지 사이로 파고들었다.

"으어아아악"

나는 고함도 아니고 찢어질 듯한 비명도 아닌 괴로운 소리를 토해냈다. '나는 네가 싫다. 달려오지마. 내게 오지마. 저리 가~' 라고 말도 못하고 끙끙거리는 내 모습. 주인이 개 이름을 부르며 이리 오라고 부르지만 도통 가지를 않는다. 내가 먹고 있던 샌드위치 포장지를 입에 물고 놓지 않는 녀석은 뜨끈한 자신의 체온을 내 허벅지를 통해 전해준다. 소오름. 주인이 헐레벌떡 달려와 연신 미안하다 하고 개를 직접 안

아 올릴 때까지 그 개는 떠나기 싫어했다. 우리 앞에서 주인은 개가 입에 물고 있는 포장지를 억지로 억지로 힘겹게 빼냈다. 고집쟁이.

잠시 숨을 고른다. 먹던 샌드위치를 꼭 붙잡아 사수한 나의 본능적 행동에 감탄하고 조금 전까지 허벅지 아래를 비벼댔던 그 감촉이 남아 있음을 느끼면서. 자기 개인데 통제를 잘 못한다는 말을 하는 혜림이의 눈에는 그래도 따뜻함이 묻어 있었다. 내 눈에는…. 더 이상의 설명은 생략하겠다.

런던은 지하철을 타도 개가 있다. 한국은 대중교통을 이용할 때 가방에 넣어야 탈 수 있는데 영국은 그냥 목줄만 채우고 자유롭게 탈 수 있다. 동물의 권리를 보장해주는 좋은 나라이다. 그래서 엄청나게 크고 털이 북슬북슬한 개들이 지하철 바닥에 철퍼덕 엎드리고 누워 있는 건 다반사다. 그리고 지하철에 있는 사람들 대부분이 그 개를 사랑스럽게 쳐다본다. 나만 빼고. 하루는 개 한 마리가 내 신발을 코끝으로 건드리며 킁킁거리고 냄새를 맡았다. 세상 귀여워 죽겠지 않냐는 표정으로 나를 쳐다봤다.

'응. 저리 가. 나는 지금 소리 지르고 싶은데 지성인이라서 참고 있는 거야.'라고 눈을 부릅뜨고 눈빛으로 말해주었다. 그러나 녀석은 꿈쩍도 하지 않고 자신의 귀여움을 온몸으로 발산했다. 아마 여느 영국인이었다면 '굿 보이 good boy'라고 말해주며 귀여워 해줬겠지. 아마 주인에게 이름이 뭐냐고 물었겠지. 그리고 이름을 부르며 한 번 더 '굿 보이'라고 불러줬을 것이다. 어쩌면 털을 쓰다듬어 줄지도 모르겠다. 그러나 나는 무표정한 얼굴로 한 번 바라보고 고개를 돌렸다.

나만 개 없어도 괜찮아

나는 분명히 밝히지만 개를 사랑하는 영국인의 일상을 존중한다. 그리고 동물의 권리와 복지는 당연히 보호되어야 할 것이 맞다. 그들도 당연히 사랑받아 마땅한 존재이고 고귀한 생명이다. 학대 받는 애완동물, 버려지는 개나 고양이가 생겨나서는 안 된다. 보호하고 사랑해주어야 할 대상을 물건처럼 소비의 대상, 소유물로 생각하는 행동은 옳지 않다. 다만, 나는 그저 동물을 좋아하지 않을 뿐이다.

리트리버를 키우는 것이 꿈인 혜림이가 '뭉치'라는 유튜브 셀럽 개의 일상을 보여주면 역시 개 팔자가 상팔자라는 생각과 개 주인이 정말 부지런하다는 생각을 한다. 개를 키우고 보살피고 그 영상을 찍고 또 유튜브에 올리고 심지어 라이브 방송도 하신다고 하니. 내 한 몸 추스르는 것도 힘들고 벅찬 나에게는 상상할 수조차 없는 삶이다. 결국 개를 키운다는 것은 애를 키우는 것과 같은 것이기에. 물론, 아이를 키우는 것처럼 생명체를 아끼고 보살피고 사랑하는 마음을 누릴 수 있는 것은 축복받은 일이다. 그리고 개마다 성격도 다르고 행동도 다르고 애정표현도 다를 테니 사랑을 주고받는 그 기쁨도 클 것이다. 그러나 혜림이가 공원에서 만난 낯선 개와 침이 잔뜩 묻은 공을 가지고 공놀이를 하던 날, 개가 나에게도 공을 내밀었던 그 날, 나는 뒷걸음질만 쳤다.

내가 설령 런던에 계속 살더라도 아마 내 인생에 개나 고양이는 없을 것이다. 나는 정말 이 세상에 나만 개가 없는 그 날이 오더라도 괜찮다.

마흔 살의 Zoom 놀이터 유진

2차 록다운과 줌 놀이터

2020년 12월, 코로나 확진자가 급증하여 영국은 2차 봉쇄 조치를 시작했고 덕분에 계획했던 크리스마스 기념 베를린 여행도 취소되었다. 쓸쓸한 연말이 될 것 같았다. 코로나 시대의 유학, 코로나 시대의 런던은 이렇게 우울 뻑적지근해야 하는가? 라는 생각으로 퍽 서글픈 하루하루를 보내고 있었다. 그나마 매주 월요일 오후에 대학 동기들을 줌으로 만나 우리말로 수다 떠는 시간이 내게는 가장 즐거운 시간이었다. '우리끼리 만나서 노는 줌 놀이터', 일본, 한국, 영국에 있는 4명이 언제든 만날 수 있는 가상현실 속의 시간. 가끔 객원 참가자로 미국에 있는 친구도, 생일 파티를 위해 한국과 영국에 있는 또 다른 친구들도 참여했지만 정예 멤버는 4명이었다. 그저 각자 일주일 동안 있었던 일을 나누고, 먹고 싶은 음식 이야기, 드라마 이야기, 살이 찌는데 운동하기 싫다는 이야기, 굳이 곱씹어 기억할 필요 없는 쓸데없는 이야기를 하며 깔깔거리며 웃고 떠들 수 있는 시간이었다.

그날도 우리는 모여서 쓸데없는 이야기를 하고 있었다. 그러다 시작이 누구였는지 정확하지 않지만, 아마도 친구가 해리포터 시리즈 블루레이를 구매한 이야기쯤이었던 것 같다. 무심코 뱉은 "그럼 해리포터 시리즈 정주행 한번 해볼까?"에서 시작되어 J는 그 옛날 『해리가 샐리를 만났을 때』 영화에 나오던 장면을 떠올리며, 해리와 샐리가 각자 자기 집 침대에서 같은 영화를 보며 전화로 수다 떨던 그 장면처럼 우리도 해보자고 제안했다. 그리고 언제나 계획하기를 좋아하는 나는, "매일 1편씩 보면 31일까지 8편 다 볼 수 있어"라는 말로 불을 지폈다. 갑자기 다들 각종 스트리밍 서비스에서 해리포터를 보는 방법을 찾았다. 일본에 있는 K는 애플 TV로, 한국에 있는 J는 왓챠로, 영국에 있는 나는 구글 플레이로 그리고 나머지 한 명, 이 시작점인 C는 블루레이를 선택했다. 그리고 우리는 매일 줌으로 만나 초읽기를 하고 플레이 버튼을 눌렀다. 약간의 시차로 누군가 먼저 놀래서 덕분에 안 놀라기도 하고, 대사가 돌림 노래처럼 반복되기도 했지만, 각자 자신이 좋아하는 술과 안주를 놓고 수다를 떨면서 함께 해리포터를 완주했다. 나중에 알게 되었는데 이런 형태의 놀이 문화를 '워치 파티 Watch party'라고 부르고 이미 관련 앱들이 출시되고 있었다.

혼자 시작했다면 다 끝내지 못했을 해리포터 시리즈 총 8편. 혼자 봤으면 다 이해하지 못했을 이야기였다. 각자가 알고 있는 내용을 덧붙여 설명하면서 호그와트 마법학교를, 포터 가문과 블랙 가문, 위즐리 가문의 적폐 이야기까지 신나게 떠들며 우리는 그렇게 이 시대의 기술을 십분 활용하여 줌 놀이터에서 크리스마스 연휴를 보냈다. 영화 속 호그와트 마법학교에서 크리스마스에 칠면조를 먹고, 크리스마스 크래커가 테이블 위에 놓여 있으며, 민스파이와 크리스마스 푸딩이 올라오는 걸 보며 영국의 크리스마스를 느껴야 하는 서글픔과 함께. 더불어 마법 학교에서도 교수님들이 티타임을 갖는구나 느끼고, 킹스크로스 King's Cross 역이라고 하지만 세인트판크라스 St. Pancras International 역임을 알아보고, 밀레니엄 다리 Millennium Bridge가 휘어지는 장면에서 테이트 모던 Tate Modern과 세인트 폴 대성당 St. Paul's Cathedral 을 한눈에 인지하는 나는, 그렇게 코로나로 인해 영국에 있으면서 런던을 모니터로 만나고 있었다.

마흔 살의 유치함과 긍정 마인드

그런 우리의 모습을 누군가 본다면, 방구석에서 보낸 보잘것없는 크리스마스 연휴, 연말이라고 생각할 수도 있다. 근사한 요리도 없었고, 멋진 공연이 함께한 것도 아닌 이 특별할 것 없는 이벤트도 내게는 행복한 시간으로 기억될 것이다. 아마도 우리는 나중에 그 시간을 한량 놀음이었다며 회상할 테지만, 두고두고 회자할 만큼 매우 뿌듯하고 뜻깊은 시간으로 기억하겠지. 그리고 고마움과 감사함을 되새길 것이다.

나이 마흔을 먹어서도 판타지 영화 정주행에 진심일 수 있고 만나면 언제나 20년 전 대학 시절처럼 이야기 나눌 수 있는, 각자의 생업이 있지만 일주일에 하루쯤 3~4시간씩 함께 보낼 수 있는 여유를 가진 친구들이 있다는 것에 고맙다. 어쩌면 이 친구들과는 오십, 육십을 넘어 팔십이 되어도 이렇게 놀 것 같다. 유치하게. 어릴 때는 부모님과 부모님의 친구들을 보며 이해하지 못했던 어른들의 유치함을 이제는 이해할 수 있는 나이가 된 것이다. 런던 유학 생활 중 나의 일터였으며 수업의 모든 시간을 차지했던 가상 환경이었는데, 결국 다시 그 기술의 도움으로 코로나로 인한 행동의 제약과 관계의 제약을 일정 부분 해갈시켜줬다는 것은 웃픈 현실이었다. 그러나 이런 소소한 일상에 행복해하는 정신을 가진 나, 인생은 어떻게든 살아지고, 한 번뿐인 오늘이므로 기왕이면 즐겁게 긍정적으로 살아가기로 한 나를 칭찬한다.

무엇보다, 코로나 시대에 이런 시간의 자유가 허락되어 한량 놀음을 할 수 있다는 것, 그 한량 놀음 속에서 죄책감을 느끼지 않아도 된다는 것은 진실로 감사할 일이다. 과연 내가 앞으로 이런 여유를 언제 또 누릴 수 있을까? 마흔 살에 허락된 이 여유가 나중에 후회로 돌아오지 않기를 바라면서, 이제 막 시작되는 나의 중년의 삶을 응원한다. 때론 아이처럼 유치해도 좋다. 때론 밑도 끝도 없이 긍정적이어도 좋다. 때때로 삶의 여유를 누릴 줄 아는 나의 40대, 우리 모두의 40대를 응원해본다. 브라보, 유어 라이프!

　덧말) 우리의 줌 놀이터는 겨울과 봄을 지나 2021년의 여름에도 계속되고 있다. 그리고 우리는 해리포터를 완주한 그 날, 해리포터의 스핀오프, 신동사(신비한 동물 사전) 워치 파티를 약속했다. 여전히 마음을 다해 유치하게 노는 마흔 살의 줌 놀이터.

마흔 살의 Zoom 일터 혜림

2020년 3월 영국의 1차 전국 봉쇄령을 시작으로 재택근무를 시작했고 1년 6개월이 지난 2021년 9월까지도 사무실은 여전히 굳게 닫혀 있다. 에어비앤비는 정부 규제보다 더 엄격한 기준으로 사무실 재개 여부를 판단한다. 각국 정부와 지자체 기준이 모두 충족되더라도 회사에서 자체적으로 세운 기준에 부합하지 않으면 사무실을 열지 못한다. 지난 14일간 신규 확진자수와 코로나 검사 확진률, 백신 접종률 등을 매주 추적하며 사무실 방역 여건과 직원 교육 등 세세한 지침이 마련되어 있다. 그러다보니 모든 코로나 관련 규제를 해제한 영국에서도 사무실을 다시 여는 건 쉽지 않다.

재택근무를 좋아하는 직원들도 있지만 사무실에 출근할 날을 손꼽아 기다리는 직원들도 많다. 집에서는 다른 가족들 때문에 집중하기 어렵거나(우리 팀 직원의 아이들은 이제 회의하면서 자연스럽게 인사하는 사이가 됐다) 공간이 좁아 제대로 된 작업 환경을 갖추기 어려운 경우도 있다. 아니면 나처럼 그냥 집에서 집중이 안 되고 사람들과 소통하며 일하는 걸 좋아하는 사람들도 있다.

사무실 언제 나갈 수 있냐고 정기적으로 열리는 CEO와의 전사 회의에서 돌아가며 떼를 써보지만, 얼마든지 재택근무로 일처리를 할수 있는 테크 회사다보니 회사 입장에서는 불필요한 위험을 감수할생각이 없다. 결국 노트북과 모니터 앞에 앉아 아침부터 저녁까지 화상 회의를 하며 영화 『매트릭스』를 몸소 체험한다. 몸뚱이는 좁은 방에 갇혀 있지만 줌 세상에서는 더없이 활동적이며 시간대에 따라 세계 곳곳을 누비며 팀원들을 만난다.

잠옷과 한 몸

아침에 일어나 책상까지 두 걸음 통근하며 많은 것이 바꼈다. 우선잠옷 바지는 벗을 일이 없다. 회의를 할 때는 윗도리만 갖춰 입을 뿐이다. 화장도 하지 않는다. 비비크림을 바르지 않은 지 오래고 아이라이너나 마스카라는 만져볼 일도 없다. 스크린 건너편, 집에서도 외출복을 차려입고 단정하게 메이크업을 한 사람들을 보며 자기 관리에감탄한다. 그렇게라도 해야 활력이 생기고 일과 생활의 경계를 만들수 있다고 한다. 일부러 일을 시작하기 전에 샤워하고 모드를 바꾼다고. 들으면서 고개를 끄덕이지만 실천은 별개다.

나처럼 겨우 눈곱만 떼고 상반신만 준비하는 사람이 더 많은지 줌에 스튜디오 효과라는 기능이 생겼다. 눈썹과 입술에 메이크업을 한 듯한 특수 효과를 주는 기능으로 눈썹은 어색하지만 입술은 꽤나 자연스럽다. 물론 조명에 따라 입이 둥둥 떠다니기도 해 당황하며 얼른 꺼버린 적도 있다.

일=삶

일과 삶의 경계는 더욱 모호해졌다. 코로나 이전에도 근무 시간을 지키긴 어려웠다. 본사가 위치한 미서부 시간대에 회의가 잡히고, 여러 나라에서 근무하는 팀원들과 일하다보면 이른 아침과 늦은 저녁 회의는 필수다(팀 전체가 꼭 참석해야 하는 회의는 밤 12시, 1시에 잡힐 때도 있다). 게다가 로컬리제이션팀에서 일한다는 건 급한 업무의 연속이다. 신제품 출시를 앞두고 변수는 생기게 되어있고 개발이나 디자인 과정에서 잡아먹은 시간을 메워야 하는 건 마지막 단계인 로컬리제이션이니까.

출퇴근 없이 집에서 일하니까 예전 같으면 통근 시간이라 비워놨을 시간대까지도 회의를 잡는다. 모든 회의가 줌에서 열리니 회의실과 회의실을 오갈 필요도 없어 빡빡하게 회의를 채운다. 온종일 온라인 화상 플랫폼을 사용하면서 생기는 피로감을 일컫는 'Zoom Fatigue(줌 피로)'라는 신조어까지 생겼다. 실제로 화상회의를 하고 나면 이상하게 피곤하다. 코로나 이전에도 하루 종일 회의를 했던 건 다르지 않은데 유독 화상회의를 하고 나면 에너지가 방전된다.

전문가들은 가까이서 상대방의 눈을 계속 주시하는 것과 자기 모습을 실시간으로 계속 보는 게 상당히 피곤한 일이라고 말한다. 또한 대면했을 때는 자연스럽게 보게 되는 바디랭귀지 같은 비언어적인 신호가 없다보니 의사소통에 더 노력을 기울여야 한다고. 꼭 필요하지 않은 경우 카메라를 꺼두라고 한다. 갤러리 모드가 아닌 발표자 모드로 전환해 내 모습을 보지 않거나 작게 보이게 하니 조금 도움이 됐다. 일대일 회의에서는 어쩔 수 없지만 여러 명이 들어가는 회의에서는 양해를 구하고 카메라를 꺼뒀다가 발언할 때만 켠다.

줌 놀이

어쨌든 사람은 사회적 동물이라 어떻게든 소통을 이어가고자 다양한 시도를 한다. 에어비앤비에서는 지역별로 일주일에 한 번 정도 온라인 커피 타임을 가지며 평소에 사무실 공간에서 오가며 나눴을 일상적인 대화와 잡담을 할 기회를 가지려 노력한다. 줌 세상에서 자신을 표현하고자 다양한 배경을 사용하기도 한다. 입사 기념일이 되면 기념 풍선이 그려진 배경을 사용하고 가고 싶은 여행지의 에어비앤비 숙소를 배경으로 삼기도 한다. 어떤 회의에는 테마를 정해 다 같이 배경을 설정하기도 한다(어린 시절 사진을 테마로 정한 회의에서는 동료들의 깜찍한 어린 시절의 모습을 알게 되기도 했다).

코로나 2년차를 맞으며 온라인 세상은 그 어느 때보다 풍요로워졌다. 에어비앤비도 기존의 오프라인 체험 대신 온라인 체험에 집중하고 있고 온라인 클래스나 유튜브와 인스타그램에서 참여할 수 있는 온라인 모임이나 활동이 넘쳐난다. 각종 챌린지나 온라인 리추얼도 다양해졌다. 얼마 전 '노래로 배우는 수어' 에어비앤비 온라인 체험을 해본 뒤 수어에 관심이 생겨 대전에 위치한 청각장애인 생애지원센터에서 온라인 수어 기초반을 수강하기도 했다. 지금은 제주에 거주하는 요가 선생님의 온라인 요가 명상 클래스를 듣고 있다.

코로나 덕분에 급격히 성장한 온라인 세상에서 거리나 시간의 제약 없이 좋은 콘텐츠를 누릴 수 있게 됐지만 옛날 사람인 나는 오프라인 세상이 그립다. 회의도 만나서 하고 싶고 사무실 복도에서 인사하고 싶고 카페에서 만나 수다를 떨고 싶다. 지긋지긋한 출장도 이젠 가고 싶다. 시차적응 하느라 머리가 띵해지도록 커피와 초콜렛을 먹어보고 싶다.

'줌비 zoombie'에서 벗어날 수 있는 날이 어서 오길….

윔블던 유감 혜림

Be careful what you wish for. You might just get it.

불만에서 비롯된 소망을 말할 때, 영어권에서 흔히 듣는 말이다. 무언가를 바랄 때 조심하라고. 진짜 이루어질 수 있으니까. 이솝 우화에서 유래된 말로 알고 있다.

불과 2주 전, 유진이에 대해 푸념 아닌 푸념을 적었다.

> 기대 반 두려움 반으로 동거를 시작했다. 가족이 아닌 누군가와 공간을 공유해본 적이 없는 예민+불안 보스라 함께 살면서 부딪히고 스트레스 받고 관계가 틀어질까 두려웠다. 동시에 성격 좋은 유진이니까, 이번 기회에 누군가와 함께 지내는 법, 누군가에게 곁을 내주는 경험을 해볼 수 있지 않을까 기대도 했다. 걱정했던 일도 기대했던 일도 벌어지지 않았다고 해야 하나. 나에게 모든 걸 맞춰주는 유진이 덕분에 갈등이 생길 수가 없고 그래서 문제도 없지만 그런 문제를 부딪히고 해결하는 경험도 하지 못하고 있다.

여기에 유진이는 댓글을 달았지.

ㅋㅋ 이거 기대치를 충족시켜 줄 뭔가를 해야하나 고민되는데….

그리고 바로 글감을 제공해줬다.

7월 8일 목요일

킹스크로스 근처 영국 국립 도서관 British Library에 자리를 예약한 날이라 노트북을 들고 나설 채비를 했다. 마침 유진이도 나갈 준비를 하고 나오길래 어디 가냐고 물었다.

"어제 많은 일들이 있었지. 코로나 검사하러 학교 가."
"응?"
"어제 윔블던 취소 티켓이 떠서 한 자리 예약했어. 금요일에 경기 보러 가는데 코로나 음성 확인서가 필요해."
"누구 경긴데?"
"아직 몰라."
"검사 결과가 바로 나와?"
"응 한 시간이면 나와."

윔블던 테니스 토너먼트는 1924년부터 도입한 Wimbledon Public Ballot 시스템으로 티켓을 판매한다. 경기 1년 전에 추첨을 통해 표를 배분하는데 날짜와 경기를 고를 수 없다. 하지만 코로나로 2020년 토너먼트가 취소됐고 올해도 경기 개최가 불투명했기 때문에 기존 시스템과 다른 방식으로 판매했다.

윔블던 경기를 보고 싶다고 얘기를 꺼낸 건 나였다. 티켓이 오픈됐을 때 이미 매진이어서 포기하고 있었는데 유진이는 환불 티켓을 노리고 계속 사이트에 들어가 보고 있었던 거였다. 그리고 준결승 경기 이틀 전, 표를 구하는 데 성공했다. 나도 모르게 계속 티켓 상황을 주시하고 있었다는 데 놀랐지만 일단 환불 티켓이 또 나올 수 있으니 집으로 돌아와 사이트를 계속 새로고침 했다. 표가 한두 장씩 뜨긴 했지만 결제 페이지까지 가기 전에 사라지기 일쑤였고 딱 한 번 좌석표까지 떴는데 너무 구석진 뒷자리라 포기했다.

7월 9일 금요일

다음 날 유진이는 홀로 윔블던 Wimbledon을 향했다. 나도 마침 휴가를 낸 터라 코벤트가든 Covent Garden에 있는 인도 레스토랑 디슘 Dishoom에서 아침을 함께 먹고 시내를 조금 돌아다니다 집에 왔다. 유진이는 오후 1시 30분부터 시작하는 준결승 경기 두 개를 연속으로 관람한다고 했다.

집에서 혼자 점심을 먹고 저녁을 먹으며 점점 기분이 다운되는 걸 느꼈다. 조코비치 Djokovic가 출전한 두 번째 경기가 4시 30분이 넘어 시작됐고 너무 늦어지면 도중에 나오겠다던 유진이는 도저히 끊지 못하겠다며 먼저 자라는 메시지를 보냈다. 평소대로 저녁 8시쯤 방으로 들어갔지만 유진이가 집에 돌아올 때까지 잠들지 못했다. 기분이 점점 가라앉으며 눈물이 났다.

유진이가 자기 표를 구해서 경기를 보러 간 걸 뭐라 할 순 없지만 내가 보고 싶어하는 걸 알고 있었고, 어쩌면 내가 얘기를 꺼내지 않았다면 테니스 경기 관람은 생각하지도 않았을지 모른다. 취소 티켓을 노리고 계속 들어가보고 있었다면 왜 나한테 미리 얘기하지 않았을까? 취소 티켓이 생기면 바로 잡아야 할 텐데 그럼 두 장이 떴다면 어떻게 하려고 한 걸까? 대놓고 화내긴 애매하지만 섭섭했다. 마침 다음 날이 토리미 기일이라 핑계 삼아 토리미 사진과 동영상을 찾아보며 울다 잠들었다.

7월 10일 토요일

테이트 모던 전시 예매를 한 유진이는 전날 밤 늦게 들어왔는데도 일찍 나갈 준비를 했다. 나도 기분 전환 삼아 쇼핑을 가려고 나오다 거실에서 마주쳤다.

"유진아, 너 이미 눈치 채고 있을 거 같은데, 나 생각보다 많이 서운한가봐. 내가 너한테 티켓 맡겨놓은 것도 아니고 네가 잘못했다고 하기도 그런데, 내가 가고 싶어하는 거 알고 있었잖아."

유진이가 뭐라 했는지 정확히 기억나진 않는다. 유진이도 마음이 불편했고 미안하다는 말을 했던 것 같다.

"미안하다는 말 들으려는 건 아니고, 너 불편하라고 하는 말도 아냐. 안 하면 마음에 담아둘 것 같아 말하는 거야."

그렇게 나는 솔직하게 마음을 터놓고 쿨하게 툴툴 털어버렸다(고 착각했다).

7월 12일 월요일

하루 종일 비 예보가 있는 날이었지만 기분도 꿀꿀해 카페에서 일할 생각으로 동네 카페 야외 테이블에 자리를 잡았다. 비가 세차게 내리기 시작했지만 처마가 있는 공간이라 오히려 빗소리가 좋았다. 자꾸 우울한 마음이 들어 글을 쓰면 나아질까 블로그에 글을 끄적였다.

7월 13일 화요일

아침에 눈을 떴을 때 여전히 기분이 나아지지 않았다. 7시부터 줄줄이 회의가 있는 날이라 억지로 아침을 먹고 회의를 시작했다. 점심으로 삼겹살을 토핑한 짜파게티를 먹기로 했지만 입맛도 없고 혼자 있고 싶어 나중에 먹겠다고 하고 잠시 눈을 붙였다. 2시에 회의가 있어 냉동밥을 해동해 물 말아먹어야겠다는 생각으로 1시쯤 거실로 나갔다. 눈치 빠른 유진이가 자리를 피해줄 줄 알았는데 뭐 먹을거야? 반찬 꺼내줄까? 말을 걸었다. 배고픔보다 혼자 있고 싶은 마음이 커 그냥 방으로 들어왔다.

"밥 안 먹을 거야? 나한테 화나는 거 있니?"

유진이 입장에서는 당연히 신경쓰일 거다. 미안한 마음과 짜증이 동시에 일었다. 쿨하게 털어버리지 못하는 나 자신이 쪼잔하고 한심하게 느껴져 괴로웠다. 그러다 내 감정을 있는 그대로 인정하고 받아들이지 못하고 스스로 비난하는 모습을 다시 자책하는 무한 루프에 빠졌다.

(결혼해본 사람들이 어이없어 하겠지만) '아 이런 게 결혼생활인가' 하는 생각이 문득 들었다. 이 정도의 갈등은 금새 잊고 없었던 일처럼 지낼 수 있는 수준인데, 마음이 풀릴 새 없이 하루 종일 함께 있으면 이런 거구나, 새삼 결혼한 부부들이 대단하게 느껴졌다.

의도는 없었지만 유진이 덕분에 동거인과 갈등도 경험해 보고(나 혼자 북 치고 장구 치고 한 거지만), 글감도 생겼다. '유진아 일주일이나 우울한 에너지 팍팍 풍기는 동거인이랑 지내느라 고생했어. 미안하고 고마워. 더 성숙해질 수 있게 다음엔 좀더 센 걸로 부탁해!'라고 적고 싶지만 입조심 하는 걸로….

윔블던 유감   유진

    윔블던 테니스 경기를 보러 가자는 이야기를 한 나와 혜림이, 나의 기억은 이렇다.

    손흥민 경기도 한번 보러 가야 한다는 이야기를 하는 내게 혜림이가 축구는 별 관심 없지만 테니스는 한번 보고 싶다 했다. 나는 윔블던 테니스 티켓 구매 방법을 물었고 혜림이는 추첨제라고 했다. 티켓팅에 대한 나의 묘한 집착이랄까, 그때부터 나는 가끔 윔블던 테니스 대회 사이트에 방문했고 윔블던 테니스 온라인 멤버십에 가입했다. 티켓은 코로나로 인해 추첨제가 아니라 일반 예약 시스템으로 진행되었고 오픈이 언제인지, 어떻게 진행되는지를 확인하다가 기억 속에서 잊혀 갈 때쯤 메일이 왔다. 내일부터 티켓 오픈이라고.

    혜림이에게 티켓팅 오픈 사실을 말했다. 나는 열심히 티켓팅을 해 보려고 했다. 두 자리까지 구매 가능한데 최소한 준결승이나 결승전이 보고 싶어서 노력했지만 결국 예매에 실패했다. 역시 윔블던도 피켓팅이구나 싶었다. 혜림이는 멤버십 가입을 안 해서 당일 티켓팅은 불가능했다. 그렇지만 취소표에 대한 추가 티켓팅이 가능할 거라고 했기 때문에 지켜봐야겠다, 가입을 해둬야 티켓팅이 가능하다는 이야기를 했었다. 그리고 혜림이도 가입할 거라고 생각했다. 티켓팅은 실패했지만 꾸준히 윔블던에서 메일이 왔다. 당일 경기를 보려면 코로나 검사 음성 결과를 보여줘야 하고, 거리두기는 진행하지 않는다는 내용이었다. 나는 혜림이에게 전해 주었다. 코로나 검사해야 갈 수 있고, 아니면 백신 2차 접종을 완료해야 한다. 그리고 거리두기 좌석제는 없다고. 당시까지만 해도 우리는 코로나에 대한 염려가 지금보다 훨씬 컸고 백신도 1차만 맞은 상황이었기 때문에 혜림이는 부정적인 반응을 했었다. 에이, 안가 안가. 뭐 이런 느낌으로. 이때부터였나 보다, 내 의식 속에 혜림이가 윔블던에 가고 싶은 의지가 강한 건 아닌가 라는 생각을 하게 된 것이.

수일이 지나 다시 윔블던에서 취소표가 있으면 티켓팅이 가능하다는 내용의 메일이 왔다. 고민하기 시작했다. 코로나가 걱정되지만 그래도 경기는 보고 싶다. 나는 아마 다시 영국에 오더라도 윔블던을 위해서 오지는 못할 것 같았다. 내게는 주어진 시간이 많지 않다는 생각이 우세해지면서 윔블던 티켓팅 사이트에 다시 들어갔다. 그리고 준결승 경기 이틀 전 밤 자리가 보였다. 한 자리뿐이었다. 고민할 시간은 사실 없었다. 일단 예약. 그리고 학교 코로나 검사 센터도 바로 예약.

두 자리가 있었다면 당연 두 자리를 예매했을 것이다. 그러나 취소

표가 난 자리는 하나였고, 예매 성공의 기쁨과 동시에 혜림이에게 미안한 마음이 들었다. 혼자 가게 된 것을 어떻게 말해야 할지 고민되었다. 같이 사는 혜림이가 코로나를 걱정하게 만드는 것 같은 생각도 들었다. 그러나 잠자리에 들면서는 그렇게 생각했던 것 같다. 혜림이가 티켓팅에 큰 열의가 없었고 코로나 때문에 사람들 많이 모이는 장소에 가고 싶지 않아 했었으니까 내가 조심히 잘 다녀오고 소독 열심히 하면 이해해 줄 거라고. 그러나 이것도 순전히 내 생각이었다.

아침에 일어나 혜림이에게 어제 일어난 일을 말해주고 나는 학교 코로나 검사 센터에 가서 검사를 받고 돌아왔다. 다음날 경기를 보러 가기 전 혜림이와 같이 아침을 먹으러 나갔다. 아침을 먹고 윔블던으로 향하는데 기분이 썩 편하지 않았다. 이 때라도 내가 먼저 말했어야 했다. 혼자 가서 미안하다고. 그렇지만 한편으로는 그랬다. 나는 가고 싶어서 티켓팅에 쭉 관심과 노력을 들였으니까 혜림이도 이해하겠지. 그러나 여전히 나 혼자만의 생각이었다.

경기장에 도착해서는 첫 윔블던 직관에 흥이 올랐고, 경기도 너무 재미있었다. 그런데 경기장에 온 사람들을 보고 있으려니 친구, 가족들과 같이 온 사람들이 많이 보였다. 혜림이 생각이 났다. 같이 왔어야 했는데, 티켓팅을 더 열심히 했었어야 했는데. 같이 윔블던 코트 앞에서 사진도 찍고 잔디밭에서 소시지 롤도 같이 먹으면 더 재밌었을 텐데 싶었다. 그렇게 즐겁지만 마음 한편에 아쉬움을 느끼고 집에 돌아왔다.

다음날 아침 일어나 예약해 둔 테이트 전시를 보러 나가려는데 혜림이가 나왔다. 눈이 부어 보였다. 그리고 혜림이는 자신의 마음을 털어놓았다. 내가 혼자 가서 생각보다 많이 서운한 마음이 든다고. 내가 무슨 잘못을 한 게 아닌 것도 알기 때문에 미안해하지 않아도 된다고. 그러나 말을 해야 본인이 이 서운함을 털어낼 수 있을 것 같아서 말한다고. 아차, 싶었다. 내가 미안함을 느꼈던 그 순간들을 대수롭지 않게 여길 게 아니었다. 그때 바로 미안하다고 말했어야 했다.

그렇게 말을 나누고 수일 동안 혜림이의 마음은 회색 안개 속이었다. 서운한 마음이 쉬이 풀어지지 않는구나 싶었다. 나 역시 불편한 마음을 느꼈으나 아무렇지 않은 척하려 했다. 나도 괜히 가라앉아 있으면 더 오래갈 것 같아서. 혜림이도 애쓰고 있었다. 감정의 소용돌이에서 벗어나기 위해. 그렇게 일주일쯤 되어 브라이튼 Brighton 해변으로 당일치기 여행을 다녀오고 우리의 윔블던 유감도 어느 정도 정리되었고 다시 예전의 일상으로 돌아왔다.

사람의 마음은 보이지 않지만 보이고, 말하지 않으면 모른다고 하지만 마음은 입으로 뱉어내는 말 그 이상의 것들로 느껴지므로 나는 알고 있었을 것이다. 그리고 혜림이도 알고 있었다. 나는 혜림이가 서운해할 거라는 것을 혜림이는 내가 미안해하고 있다는 것을. 그러나 상대방으로부터 전해지는 감정을 느끼는 것과 상대가 그 감정을 말로 전하여 알게 되는 것은 다른 것이다. 알지만 말해주지 않으면 감정의 골이 깊어진다. 미안함을 전하지 않으면 서운함이 되고, 고마움을 전하지 않으면 괘씸함이 된다. 삶을 대하면서 나의 마음과 상대의 마음에 상처를 덜 주는 가장 좋은 방법은 바로 미안함과 고마움은 그때 그때 바로바로 전하는 것이다. 더불어 내가 생각하는 대로 상대가 생각하리라는 짐작을 하지 않는 것이다. 이 글을 쓰고 있는 지금도 다시 생각하게 된다. 윔블던 이후로 나는 달라졌나? 또 몇 번이나 미안함과 고마움을 적시에 전하지 못한 걸까? 매번 알면서도 실천하지 못하는 그 마음은 어디서 오는 것일까? 이 되풀이 되는 실수의 쳇바퀴를 얼마나 더 돌아야 정신을 차리려나.

그리고 혜림이에게. 우리가 이렇게 글을 통해 다시 그날을 바라볼 수 있게 해 줘서 고마워. 직면하는 것이 때로는 가장 용감하고 씩씩하게 감정의 어두운 그늘을 이겨내는 좋은 방법이라는 것을 깨닫게 해 줘서. 오늘도 너와 함께 살면서 혼자가 아닌 인생을 살아가는 법을 배운다.

4 장

영국의 외국인 노동자

꿈이 이루어지다 혜림

런던에서 살고 싶다는 말을 수없이 반복했다. 매년 여행을 가면 돌아오기 싫었고 출국날 길에서 아무나 붙잡고 결혼해 달라고 하고 싶은 마음이 불끈 솟았다(꼭 국적은 확인하라고 친구들이 신신당부했더랬지). 비자를 받을 수만 있다면 청소라도 하겠다고 입버릇처럼 말했다.

영국에서 살고 싶다는 막연한 꿈을 실행에 옮겨야겠다는 결심을 하게 된 건 『숨결이 바람 될 때』를 읽고서다. 고인이 된 저자 폴 칼라니티 Paul Kalanithi는 암 선고를 받고 그 후 1년을 (체력적으로 불가능해질 때까지) 계속 의사로서 일하고 수술을 집도했다. 시한부 인생이라는 걸 알고 나서도 계속 회사에 출근한 셈이다. 회사를 재미로 다니고, 좋아하는 일을 하겠다고 항상 다짐하는 나도 놀랐다. 아무리 회사가 좋고 일이 재밌어도 1~2년밖에 남지 않았다면 과연 다음 날 출근을 할까? 짧은 생이었지만 하고 싶은 일을 찾아 죽기 직전까지 하고 떠난 저자가 부러웠다.

책을 함께 읽은 에어비앤비 북클럽 사람들과 만약 남은 생이 2년

(저자가 암 선고 후 살았던 시간)뿐이라면 어떻게 보낼 건지 이야기 했다.

"다른 건 모르겠고 1년은 영국에 있고 싶어요."

이 말을 하고 스스로 놀랐다. 영국에 대한 사랑과 그리움이 이 정도 였어? 그렇다면 지체할 이유가 없었다.

얼마 지나지 않아 기회가 왔다. 에어비앤비 로컬리제이션 팀에 서 나는 APAC(아태지역)을 맡고 있었고 동료인 샘 Sam이 EMEA와 LATAM(유럽과 남미지역)을 담당했는데 샘이 퇴사 결정을 내린 것이 다. 샘만큼 마음이 맞는 동료는 앞으로 다시 없을 것 같아 섭섭했지 만 동시에 샘이 얼마나 고생했는지 알기에 잘된 일이라고 생각하며 더블린 지사에서 일할 후임을 구하는 채용 공고를 냈다. 그렇게 채용 준비를 하던 어느 날 문득 '내가 해볼까?' 하는 생각이 뇌리를 스쳤다. 그땐 이미 에어비앤비 코리아에서 일한 지 3년이 넘어가고 있었고 아 태지역을 관리하며 해보고 싶은 건 다 해보고, 배울 것도 다 배웠다. 새로운 도전이 필요했다.

그런데 의문이 들었다. 아시아 출신인 내가 유럽과 남미 팀을 관리 할 수 있을까? 그 지역에 대한 지식과 경험이 전무한데? 내가 유럽으로 옮기면 내 자리는 아시아 사람을 뽑나? 그럼 아시아 팀도 아시아 사람, 유럽 팀도 아시아 사람이 팀장이라고? 말이 되나? 당시 내 직속 상사인 살보 Salvo는 입사한 지 불과 한 달밖에 되지 않았고 살보의 매니저인 에이드리언 Adrian과 더 많은 대화를 나눌 때였다. 에이드리언과 매주 있는 일대일 미팅에서 얘기를 꺼냈다.

"Localization Manager EMEA & LATAM 자리 관심 있는데, 지원해도 될까요? 아시아 쪽 경험밖에 없고, 게다가 내 후임도 아시아 사람을 뽑으면 뭔가 이상할 거 같은데⋯."

에이드리언은 1초도 망설이지 않고 말했다.

"두 팀 다 맡는 건 어때?"

생각도 못한 발상이었다. 두 자리를 합쳐서 한 사람이 글로벌 팀을 관리한다⋯.

그렇게 하면 팀을 아시아, 유럽 등 지역별로 구성하는 게 아니라 기능별로 조직을 개편하는 회사 방향과 일치한다며 에이드리언은 신이 나서 말을 이어갔다. 알고보니 그런 생각을 이미 하고 있었는데 내가 워낙 더블린을 좋아하지 않는 걸 알고 있는 터라 말을 못 꺼냈다고.

해보겠다는 의사를 표하자 일은 일사천리로 진행됐다(물론 연봉과 비자 문제로 몇 달이 더 걸렸지만).

커리어에 새로운 도전이 필요했고 유럽 시장을 맡으면서 많은 걸 배우고 성장할 수 있다는 요소도 있었지만 더블린에서 50분이면 런던에 갈 수 있다는 게 매력 포인트였다. 마음만 먹으면 주말에 휙 다녀올 수도 있다(실제로 당일치기도 해봤다)!

샘이 퇴사한 2018년 6월부터 유럽 팀까지 관리하게 됐고 비자 문제로 공식적으로는 2018년 10월에 Localization Manager APAC & EMEA/LATAM이라는 직함을 달며 더블린 지사로 옮겼다. 그렇게 런던에 한 발짝 다가갔다. 그리고 더블린에서 1년 조금 넘게 일한 후(많은 우여곡절이 있었지만) 2020년 1월, 영국 지사로 발령 받아 꿈에 그리던 영국의 외국인 노동자가 되었다.

영국의 외노자 혜림

'외국인 노동자'하면 떠오르는 이미지는 (옛날 사람 기준) 개발도상국에서 돈 벌러 온, 블루칼라 노동자다. 화폐 가치가 높은 나라에 취업해 못 먹고 못 입으며 월급의 대부분을 본국의 가족에게 보내는 가장의 이미지. 한국이 못 사는 나라도 아니고, 먹여 살려야 하는 부양가족이 있는 것도 아니지만 외노자라는 신분은 예나 지금이나 불안정하다.

여느 나라와 마찬가지로 영국도 자국민의 일자리 보호를 위해 규제를 두고 있다. 흔히 주재원 비자로 알고 있는 Intra-company Transfer visa(Tier 2 ICT)가 아니면 영국 정부에서 승인한 기업이 스폰서할 수 있는 Skilled Worker visa(지원 당시에는 Tier 2 General visa)를 받아야 하는데, 최소 두 군데 이상의 구인 사이트에 28일 이상 채용공고를 내고 구인 활동을 성실히 했으나 내국인 중 적당한 인력을 찾지 못했다는 증빙을 해야 비자를 내어준다. 고용주 입장에서 시간과 비용이 들어가기 때문에 정말 데려오고 싶은 인재가 있거나, 내국인 중 인력을 구할 수 없는 분야가 아니면 쉽지 않다. 중소기업은 여력이 없어 엄두도 못 낸다.

사람을 쉽게 구할 수 있는 직종에서 취업비자를 받는 건 하늘의 별 따기다. 실제로 2019년 1~3분기에 발급된 Tier 2 general 비자(대졸 이상의 노동자에게 고용주가 스폰서 하는 비자)의 31%가 IT, 25%가 의료 및 보건서비스 분야였다. 연봉 제한도 있어 25,600파운드(약 4천만원) 이상의 고부가가치 일자리만 자격이 된다.

회사에서 구인광고와 채용절차까지 밟아 비자를 받아줬지만 과정이 쉽지는 않았다.

주라 줘, 비자

매니저에게 런던으로 옮기고 싶다고 얘기를 꺼낸 건 2019년 3월 즈음으로 기억한다. 더블린으로 옮긴 지 몇 달 되지 않은 시점이었기에 눈치가 보였지만 내가 관리하는 팀원들 모두 각 나라로 옮길 계획이었고 업무 상 함께 일하는 유럽 관계자들 상당수가 런던 사무실에 있었기 때문에 일적으로도 효율성을 높일 수 있는 방법이었다. 에어비앤비 유럽 지사 중 더블린 사무실이 가장 규모가 크지만 당시 기준으로 8~90%가 고객지원 팀으로 내 업무와 접점이 많지 않았다. 매니저 승인을 거쳐 5월에 지사 이동을 지원하는 Mobility 팀, HR 팀과 논의를 시작했다.

신청할 수 있는 비자는 두 종류였다. Tier 2 ICT 비자는 절차가 간단하고 저렴한 대신 기본 2년만 일할 수 있고 최대 5년까지만 가능하다. Tier 2 General 비자는 5년 이후 영주권을 신청할 수 있다. 과연 내가 5년이나 있을까 싶었지만, 사람 일은 모르니까 Tier 2 General 로 요청했고 회사 입장에서는 비용과 인력이 더 들어가는데도 지원을 해줬다. 전혀 예상하지 못한 데서 대가를 치러야 했지만.

2020년 1월에 발령하는 걸로 결정하고, 11~12월 두 달은 입사 5주년이 되면 주어지는 리차지 Recharge 휴가를 가기로 했기 때문에 10월에 비자 접수를 해야했다.

- 8월 1일: 구인 사이트에 채용 공고
- 10월 5일: Certificate of Sponsorship(CoS)* 신청
- 10월 11일: CoS 발급 후 비자 센터 예약
- 10월 말: 비자 신청

10월 말에 비자 센터에서 비자를 신청하면 여권을 제출해야 하고 비자가 발급돼야 여권을 돌려받을 수 있기 때문에 11월 초에 뉴질랜드로 출국해야 하는 입장에서 매우 불안했지만 그때 가서 걱정하기

* Certificate of Sponsorship은 영국 정부가 비자를 지원해줄 수 있도록 승인한 기업이 영국 정부에 신청해 비자가 필요한 직원에게 발급해주는 정부 후원 보증서다.

로 하고 준비가 끝났다고 생각했다.

 2019년 9월 3일, 출장 겸 휴가 차 들렀던 한국에서 더블린으로 돌아온 지 하루만의 일이다. 비자 업무를 도와주는 파트너사에서 영어권 학위 증명서를 제출하라는 이메일을 받았다. 응? 나 한국에서 대학 나왔는데. 영어권 학위가 없으면 영어능력 증명 시험을 치러야 한다는 것이었다. 갑자기? 5월부터 같이 준비하고 수많은 이메일과 통화를 주고 받으면서 단 한 번도 언급되지 않은 사항이다. 당장 10월에 비자 신청을 해야 하는데 9월 초에 시험을 보라니. 게다가 나는 9월 둘째 주 베를린 출장, 셋째 주 샌프란시스코 출장이 이미 예정되어 있었다.

 너무 화가 나 밤잠을 설쳤다. 일을 이따위로 하다니. 짐작컨대 내가 더블린에 있으니 아일랜드에서 학교를 다녔을 거라 지레짐작하고 확인도 안 한 것 같은데, 해명도 사과도 없이 시험 절차만 설명했다. 영국 정부에서 인정하는 비자 신청용 영어시험이 따로 있었으며 여러 나라에서 치러지지만 자주 있는 시험은 아니다. 시간이 얼마 남지 않은 상황에서 다른 방법이 없었다. 매니저에게 사정을 설명하고 5일 일정이었던 베를린 출장을 하루로 줄이고 런던으로 넘어가 시험을 치르기로 했다. 9월 9일 하루 베를린 사무실에서 일하고 9월 10일에 런던으로 넘어가 9월 11일에 시험을 치르고 9월 13일에 샌프란시스

코로 이동하는 일정으로 비행편과 숙소 예약을 모조리 바꿨다. 시험을 준비할 시간도 없어 온라인 사이트에 나와있는 기출문제를 프린트해 공항 라운지에서 공부했다.

그렇게 출장과 출장 사이 정신없이 영어 시험을 치르고 다행히 합격점을 받아 10월에 예정대로 한국에서 비자 센터를 방문했다. 비자가 나와 여권을 돌려받을 때까지 긴장을 늦출 수 없었지만 빠른 처리를 보장하는 급행 서비스를 이용해서 일주일 이내에 처리되고 무사히 뉴질랜드로 휴가를 떠날 수 있었다.

이외에도 비자를 받기까지 소소한 문제로 머리를 싸매고 삽질을 해야 했지만 드디어 꿈에 그리던 영국에서 일할 수 있게 됐다는 기쁨을 안고 2020년이 오기를 기다렸다. 나의 런던살이가 코로나와 함께일 거라는 건 꿈에도 생각 못한 채.

에어비앤비 스토리 혜림

에어비앤비의 최고 가치는 'Belonging'이다. 일대일 대응이 되는 한국어가 없어 한국어 로컬리제이션 매니저들이 머리를 싸매는 Belonging은 의역하면 '있는 그대로의 내 모습으로 받아들여지고 존중 받는 느낌'을 말한다. 에어비앤비는 '누구든 어디서나 소속감을 느끼고 받아들여지는 세상을 만드는 것 Create a world where anyone can belong anywhere'을 목표로 한다. 많은 회사가 세상을 더 나은 곳으로 만들겠다 make the world a better place며 원대한 사명을 세우지만 에어비앤비는 진심이다. 내부에서부터 그 가치를 실천하고 있다.

에어비앤비가 코로나를 이겨내는 방법

에어비앤비는 2020년에 코로나로 창업 이래 최대 위기를 맞았고 비용절감과 구조조정으로 버텼다. 매출은 나올 곳이 없는데 예약 취소와 문의로 고객지원 팀은 어느 때보다 일이 많았고, 제각각인 각국 정부의 규제에 맞춰 예약과 환불 정책을 조정하느라 로컬리제이션 팀은 24시간 비상체제에 돌입했다. 바이러스 확산세는 그 누구도 예상할 수 없었기에 각국 당국도 정책을 전날에야 내놓았고, 그 정책을 호스트와 게스트들에게 각 언어로 전달하는 역할을 실수 없이 해내야 했다. 구조조정으로 아끼는 동료를 잃고 사기가 저하된 상황에서 일까지 쏟아지는, 유례없이 힘든 날들이었다.

오프라인 활동이 멈춘 2020년 상반기, 에어비앤비는 사업 계획을 송두리째 뒤엎었다. 상장을 앞두고 대대적인 사업 확장을 준비하고 있었는데 항공편 등의 교통과 호텔 사업을 접고 주 사업인 숙소 Homes와 체험 Experiences을 과감하게 전환한다. 여행이 금지되고 꺼려지는 환경에서 차로 이동이 가능한 근거리 숙소를 제안하고, 재택근무가 일상화되면서 사는 곳을 벗어나 기분 전환을 하려는 사람들에게 적합한 장기 숙소를 확대했다. 현지인의 안내로 숨은 명소를 찾고 액티비티를 하는 체험 상품은 100% 온라인으로 전환해 온라인 체험 Online Experiences을 출시한다.

회사가 위기를 맞은 상황에서 경영안정화가 무엇보다 시급했지만 직원들의 건강도 잊지 않았다. 코로나 때문에 스트레스가 심할 직원들을 위해 웰빙 휴가 Well-being time off를 추가하고 본인이나 가족이 코로나에 감염되거나 방역 조치로 아이를 돌봐야 하는 경우를 대비해 수 주간 낼 수 있는 긴급 휴가 Public Emergency time off도 마련했다.

평소라면 사무실에서 커피 마시고 점심을 함께 먹으며 소통했을 직원 간의 교류를 조금이나마 재현하고자 줌에서 커피 타임을 마련했고 업무용으로 쓰는 메신저 슬랙 Slack에서 따로 채널을 만들어 업무 외 잡담을 자유롭게 나누도록 권장했다. 출근했다면 함께 했을 행사 대신 온라인 워크숍이나, 각자 하지만 경험을 공유할 수 있는 이벤트를 준비했다.

식물 키우기

2021년 4월 22일 지구의 날 Earth Day을 맞아 런던 사무실에서는 식물 구독 서비스 폿갱 pot gang 3개월 구독 이벤트를 진행했다. 탄소발자국을 줄이는 차원에서 집에서 식물을 키워 먹자는 취지인데 정원이 없는 시내에서 집콕하는 런더너들에게 딱 맞는 상품이다. 폿갱의 슬로건은 재치있게도 'The grow-your-own veg and herb kits for gardeners who don't know what they're doing (식물의 '식'자도 모르는 사람들을 위한 식물, 허브 키트)'이다. 코로나 봉쇄령으로 답답하던 차에 집에서 식물을 키우는 즐거움과 환경을 보호하는 데 일조(?)한다는 성취감까지 얻었다.

에어비앤비 요리책

5월 28일 세계 기아의 날 World Hunger Day을 맞아 기아 퇴치 캠페인의 일환으로 전 세계 직원들로부터 레시피를 모아 요리책을 만들어 기부금을 모았다. 참여하는 건 선택이지만 좋은 일 한다고 생각하고 외국인들이 쉽게 따라할 수 있는 음식을 고민했다. 제육볶음과 김밥 등 맛있는 한국 음식은 너무나 많지만 세계 각국에서 재료를 구하기 어려울 것 같아 팥앙금을 이용한 단팥죽과 앙버터 스콘을 제출했다. 실제 요리책을 보내주지 않고 pdf 파일로 와서 조금 실망했지만 레시피를 제출하는 과정에서 유진이와 아이디어 회의를 하고 이것저것 만들어보는 재미가 있었다.

IPO's 시리얼

시리얼은 에어비앤비 창업 스토리에서 존재감 있는 조연이다. 2008년 투자자를 찾지 못해 사업을 접을 위기에 처한 공동창업자 조 Joe, 브라이언 Brian, 네이트 Nate는 미국 대선을 겨냥해 후보들의 이름을 딴 시리얼을 만들어 판매했다. 기존 시리얼 중 가장 싼 제품을 포장만 바꿔 500개 한정으로 40달러에 판매하며 그 수익으로 버텼다.

스타트업 인큐베이터 와이 콤비네이터 Y Combinator의 공동창업자 폴 그레이엄 Paul Graham이 에어비앤비에 투자를 결심하게 된 계기가 바로 이 시리얼이다. "If you can convince people to pay $40 for a $4 box of cereal, maybe you can get strangers to stay in other strangers' homes (4달러짜리 시리얼을 40달러 주고 사게 할 수 있다면 모르는 사람 집에 머물게도 할 수 있겠다)"며. 에어비앤비 핵심 가치 core value 중 하나인 'Be a Cereal Entrepreneur'도 여기서 나왔다(연쇄 창업자라는 의미의 'serial entrepreneur'에서 철자를 시리얼로 바꾼 것).

2020년 말 에어비앤비 상장을 기념하며 에어비앤비 초기 투자자들이 아이피오즈 IPO's라는 이름의 시리얼 상자를 제작해 전 직원에게 선물했다. 처음 받아봤을 때는 내용물 없이 정말 껍데기만 와서 잉? 했었는데 시리얼 상자에 적힌 내용을 보고 '역시!' 하는 마음이 들었다. 일반 시리얼 포장에 적혀 있을 만한 'No artificial ingredients (인공향료 없음)' 옆에는 'No stopping us (아무도 막을 수 없음)' 'No limits (한계 없음)' 등이 적혀 있었고 영양성분표에는 'Wild ideas (신선한 아이디어), Ingenuity (독창성), Agility (민첩성)' 등이 빼곡히 나열되어 있었다.

에어비앤비 스토리 앨범

우리는 에어비앤비답게 상장을 기념했다. 현 직원뿐 아니라 퇴사한 직원들에게 모두 메일을 보내 지난 13년 간의 여정을 기록하는 에어비앤비 스토리 앨범 Our Airbnb Story에 사진을 제출하도록 했다.

이 앨범을 언급하자 유진이는 "그걸 왜 만든 거야?"하고 물었고 순간 대답을 하지 못했다. 의문을 가져본 적이 없어서. 너무 당연하고 자연스러운 작업이었고 에어비앤비스러웠다. 에어비앤비의 역사에 잠시라도 함께 했던 모든 사람들과 함께 기념하고 축하하는 게. 앨범을 받아보니 첫 장에 설명이 잘 되어 있어 옮겨본다.

Over the course of 13 years, some of the brightest minds and biggest hearts shaped Airbnb into an extraordinary community and company. In December 2020, we shared Airbnb with the world when we became a public company. To celebrate and honor this transition in a uniquely Airbnb way, we asked you to share photos of memorable moments from your Airbnb journey. You shared photos of your first days during Check-In, of offsites and new friendships, of product launches and community events. The pages in this book represent the thousands of employees and millions of moments that built Airbnb.

This is Our Airbnb Story.

지난 13년 간, 명석한 두뇌와 넓은 마음을 가진 직원들 덕분에 에어비앤비는 아주 특별한 커뮤니티와 회사로 거듭났습니다. 2020년 12월, 기업을 공개하며 에어비앤비는 상장사가 되었고 이 순간을 에어비앤비답게 기념하고 축하하기 위해 추억의 순간을 공유하도록 요청했습니다. 입사일, 팀 워크숍, 동료들과 즐거운 순간을 담은 사진, 프로덕트 출시일, 호스트와 게스트 커뮤니티와 함께한 순간들. 수천 명의 직원들이 에어비앤비를 일궈온 수백만 순간이 담겨있습니다.

우리의 에어비앤비 스토리입니다.

아직도 베이징 사무실을 제외하고는 전 세계 직원들이 재택근무를 하고 있는 지금, 우리는 따로 있지만 함께 순간을 나누고 있다.

이 길의 끝 혜림

평생 회사 다닐 일은 없다고 생각했는데 어느새 직장인 15년차다. 회사라는 곳을 경험만 해보자는 마음으로 구글에 입사했는데 8년을 다녔고, 구글이 처음이자 마지막 회사일 거라 생각했지만 이직을 하게 됐다. 역시 인생은 알 수 없다. 2014년 10월 이직했으니 어느덧 에어비앤비에서도 7년을 꽉 채웠다. 4년은 서울, 1년은 더블린, 그리고 최근 2년은 런던에서(코로나를 피해 서울로 피난 와있던 2020년은 사실상 서울에서 일한 셈이지만). 인생의 갈림길에서 방향을 정할 때, 그 길이 어디로 향하는지는 걸어봐야 안다. 내가 그토록 원하던 런던살이를 에어비앤비가 가져다 줄 거라고 전혀 예상하지 못했으니까.

면접은 회사의 첫인상

에어비앤비로 이직할 때 고려하던 다른 회사가 있었다. 한국 회사였기 때문에 본사에서 일하는 경험을 할 수 있고 무엇보다 한국어를 기반으로 로컬리제이션을 해볼 수 있다는 게 무척 매력적인 자리였다. 게다가 에어비앤비는 아태지역만 담당하는 자리였지만 그 회사는 로컬리제이션 팀 전체를 총괄하는 직책이었다. 머리를 싸매고 고민했지만 결정적인 건 면접 경험이었다.

직속 상사가 될 사람과 면접을 본 뒤 다음 일정이 잡히기를 기다리고 있던 2014년 여름 어느 날 아침, 전화가 왔다. CEO와 직접 일하는 자리이기 때문에 다음 단계는 CEO와의 면접인데 오늘 회사로 와줄 수 있겠냐고. 당일에 갑자기 오라는 연락에 놀랐고 급하게 휴가를 낼 수 없어 대신 화상회의로 면접을 보기로 하고 오후에 시간을 잡았다. 몇 시간 후, 리크루터에게 다시 전화가 왔다.

"다른 면접관들 얘기를 들어보니 너무 좋은 분이라고 판단하셔서, 대표님이 면접을 하지 않아도 되겠다고 말씀하셨어요."

그렇게 면접이 취소됐다. 당일 오전에 갑자기 잡더니, 몇 시간 후에 취소라…. 면접관은 곧 그 회사의 이미지라고 귀에 못이 박히게 교육을 받은 나로서는 느낌이 좋지 않았다. 이 회사는 지원자를 존중하지 않는구나. 리크루터는 대표가 나를 좋게 봐준 걸 감사하게 생각할 일이라고 여기는 듯했다. 난 인터뷰를 하면서 그 분이 함께 일하고 싶은 사람인지 판단하고 싶었는데. 내가 싫을 수도 있는 거잖아?

반면 에어비앤비 면접 경험은 달랐다. 직속 상사가 될 매니저는 업무와 팀 조직에 대해 자세히 설명했고 내가 원하는 조건도 경청했다. 지원한 Localization Manager APAC 포지션은 싱가포르 지사에서 일하는 자리였는데, 서울에서 일하고 싶다고 하자 흔쾌히 허락했다. 무엇보다 모든 면접관에게서 회사에 대한 열정과 사랑이 느껴져 나도 여기서 일하고 싶다는 생각이 절로 들었다.

헤어짐과 새로운 만남

오래 고민하며 주변 사람들을 괴롭힌 후, 에어비앤비 계약서에 서명을 했다. 그리고 패닉이 왔다. 큰일났다 싶어 어찌할 줄 몰랐고, 상담 선생님에게 SOS를 보내 통화를 했다. 처음에는 에어비앤비가 아닌 다른 회사를 골랐어야 했나 하는 생각에 당황한 줄 알았는데 구글을 떠나는 게 무서웠던 거였다. 구글을 떠나서 내가 잘 지낼 수 있을까, 구글만한 회사가 과연 있을까. 퇴사 절차인 HR 팀과의 인터뷰 날짜를 미루는 나를 보며 HR 매니저가 웃으며, "인터뷰 한 다음에 마음 바꿔도 돼요"했던 게 생각난다. 사직 의사를 공식적으로 전하는 이메일을 보내면서 Gmail 실행취소 버튼을 열 번도 넘게 눌렀다.

퇴사일에 '이제 역삼역 근처에는 오지 말아야지, 마음 아프니까' 하면서 문을 나섰는데, 그 뒤로 너무 자주 놀러갔다. 친정 드나들 듯. 그럴 수 있었던 건, 에어비앤비에서 행복했기 때문이다. 구글과 헤어지는 건 슬펐지만 내가 더 행복할 수 있는 곳을 찾아 떠난 게 옳았다는 판단이 섰으니까.

행복한 직장의 조건

한 번뿐이었지만 다시는 이직하지 말아야지 싶을 정도로 힘들었다(그래서 에어비앤비가 내 마지막 회사라고 또 생각하고 있다). 그래도 덕분에 내가 원하는 직장의 조건이 무엇인지 확실하게 알게 됐다.

일단 선한 영향력을 가진 회사여야 한다. 그렇다고 수익을 포기하고 마구 퍼주는 사업을 할 수는 없다. 직원에게 월급을 주려면 기본적으로 돈을 벌어야 하니까. 요즘 개나소나 말하는 '더 나은 세상을 만드는' 기업이어야 한다(물론 판단 기준은 사람마다 다르겠지만). 구글을 다닐 때는 세상을 바꾸는 기술을 개발하는 회사에 다닌다는 자부심이 있었다. 에어비앤비는 2012년 허리케인 샌디로 피해를 입은 수재민에게 1,400명의 에어비앤비 호스트가 집을 개방할 수 있도록 사이트를 제공한 것을 보고 호감이 생겼다. 지금은 별도의 Airbnb.org 재단을 만들어 자연재해 이재민과 전쟁 난민 등 집을 필요로 하는 사람들에게 적극적으로 숙소를 제공하고 있다.

또한 업무에 자율성이 주어져야 한다. 시키는 대로 하는 건 체질에 맞지 않는다. 프로젝트가 주어지면 무슨 목적을 가지고 왜, 지금, 이걸 해야 하는지 설명이 따라야 한다. '왜'라는 질문을 편하게 할 수 있고 상사를 비롯한 기업 임원이 답을 하는 게 당연한 문화가 필수다. 2020년 코로나로 큰 타격을 입고 전 직원의 4분의 1을 정리해고 하는 결정을 내리고도 직원들의 응원과 지지를 받을 수 있었던 건, CEO 브라이언이 결정을 내리게 된 이유와 구체적인 과정을 세세하게 공유했기 때문이다.

마지막으로 빠질 수 없는 건, 같이 일하는 사람들이다. 전장에서 군인은 나라가 아니라 전우를 위해 싸운다고 한다. 전쟁터에 감히 비교할 순 없지만 회사도 그렇다. 내가 이 일을 하지 않는다고 해서 회사가 망하진 않는다. 다만 내가 일처리를 제대로 하지 않으면 동료가 고생하기 때문에 최선을 다한다. 그런 마음이 절로 드는 동료들이 있는 곳이 내가 원하는 일터다.

회사 생활 15년 간 몸담은 회사 두 곳 중, 내가 첫사랑이라고 부르는 구글은 내게 일하는 법을 알려줬고, 두 번째이자 현 남편인 에어비앤비는 있는 그대로의 나를 드러내는 법을 알려줬다. 꿈에 그리던 런던 생활을 선사해주기까지 했고. 이 길의 끝은 어디인지, 그곳에서 나는 어떤 선택을 할지 가봐야 알겠지만, 지금 이 길을 걷고 있음에 감사하다.

5 장

유학생 in 런던

시간? 아니면 공간? 유진

코로나와 함께여야 하는 나의 유학 생활은 사설 기숙사에서 시작되었다. 인생 처음이자 마지막이 될 기숙사. 칸토 코트 702호에서. 나는 초, 중, 고등학교는 물론이고, 대학을 다닐 때도 기숙사에 살아 본 적이 없다. 그런데 서른아홉이라는 나이에 기숙사 생활을 하게 될 줄이야! 설레냐고? 아니요. 유감스럽게도 설렘이 없습니다.

일단 이제 혼자만의 공간이 중요해졌다. 타인과 방을 공유할 생각이 전혀 없다는 소리다. 심지어 기숙사를 알아보던 시점에 영국 맨체스터 대학 University of Manchester 기숙사는 집단 감염 사태로 인해 기숙사 자체가 통으로 폐쇄되어 학생들이 오도 가도 못 하고 기숙사에 갇혀 지내는 상황이었기에 전혀 기숙사 생활이 기대되지 않았다. 학교 기숙사는 대부분 주방을 공유해야 했고, 한 층에 2~30명이 같이 살아야 하는 구조라 감염병에 취약했다. 그래서 돈을 더 쓰더라도 사설 기숙사로 가기로 했고 여러 가지를 고려했다.

- 학교에서 도보 30분 이내 거리
- 방 안에 주방, 화장실 완비

- 한 층에 사는 인원이 10명 미만인 곳

- 중정이나 산책할 공간이 있을 것

- 열리는 창문이 있을 것

- 해가 잘 드는 남향일 것

- 단기 계약이 가능할 것(기숙사는 대체로 45주 계약이 많음)

　이 조건들을 고려해서 구한 곳이 바로 칸토 코트이다. 오랜 시간 검색하고 이메일로 확인하고 버추얼 투어도 해서 정했다. 그 와중에 내부 인테리어까지 따졌다. 어디는 너무 하얀색으로 도배를 해서 병실 같았고 어디는 너무 알록달록해서 정신이 혼미해질 것 같았다. 방 호수도 평면도를 보고 정하고 최대한 인원이 적은 층에 남향으로 골랐다. 단기 계약이라 한국에서 보증금과 월세를 다 지불했고, 막상 도착해서 마음에 안 들어도 환불은 불가능했다. 다행히 결과는 성공적이었다. 방은 깔끔했고, 남향이라 햇빛도 아주 잘 들었으며 7층이라 엘리베이터를 굳이 타지 않아도 되었고, 무엇보다 내가 사는 층에는 나 말고 거주하는 사람이 두 명밖에 없었다.

　그리고 나의 사심이 한껏 들어간 동네였는데 일단 바비칸 센터 Barbican Center가 5분 거리, 런던 심포니 오케스트라 London Symphony Orchestra의 세인트 루크 St. Luke 공연장이 1분 거리, 런던에서 힙하고 핫한 동네로 유명한 쇼디치 Shoreditch까지 10분이면 갈 수 있는 동네였다. 주변에 막스앤스펜서, 웨잇로즈 같은 대형마트까지 갖추고 있어서 문화생활, 식생활이 모두 편한 곳이었다. 비록 문화생활은 코로나와 2차, 3차 록다운 덕분에 한 번도 누려보지 못하고 기숙사를 떠났지만. 어쨌거나 살기 좋은 동네였다.

문제는 좁은 기숙사에 갇혀 버린 서른아홉 살 유학생의 삶이었다. 모든 강의가 온라인으로 진행되었으며, 같은 학교 학생조차도 만나기 힘들고 식당에 앉아 밥 한끼 해결하기도 불안한, 2020년 10월의 런던 생활. 코로나는 그렇게 나의 첫 런던살이를 침대 주방 화장실 모두 합쳐 6평짜리 기숙사 방 안에 가두었다. 사람의 사고가 사는 곳의 크기와 비례한다고 할 수는 없지만, 사람의 마음은 사는 곳의 크기에 영향을 받는다. 감옥살이가 왜 고달프겠는가, 그 좁은 공간에 갇혀 옴짝달싹 못하고 지내야 하기 때문이지. 우주여행을 꿈꾸는 시대에 방한 바퀴를 다 돌아봐야 열두 걸음밖에 안 되는 기숙사에서의 삶은 옳지 않다.

책상이 곧 밥상이고 밥상이 곧 책상인 삶. 마음이 좁아진다. 자꾸만 이러려고 왔는가 싶은 생각이 고개를 내민다. 그래도 이만하면 훌륭하다 생각한다. 평생을 살 것도 아니고 고작 4개월인데 어떤가. 이런 삶도 살아볼 만하지 않은가. 언제 또 살아보겠는가. 그렇게 긍정과 부정을 오가는 나날이 며칠 이어졌다. 그러나 인생에 대한 깨달음과 행복은 느닷없이 별 것 아닌 것으로부터 찾아온다.

일주일쯤 지났을까 비가 왔고, 비 오는 밤에 아이유의 '밤편지', 김광석의 '혼자 남은 밤', 뮤지컬 엘리자벳의 '나는 나만의 것'이 차례로 6평 기숙사 방을 채웠다. 고요한 밤에 고요한 마음을 바라본다. 주어진 시간 모두가 온전하게 나의 것이었다. 그렇다. 나는 지금껏 살아오며 내게 주어진 공간의 크기가 주는 제약보다 내게 주어진 시간의 제약에 허덕이며 살아왔다. 새벽 6시에 일어나 등교하거나 출근을 했고 밤늦게까지 공부를 하거나 야근을 했다. 파블로프의 개처럼 일요일 밤이면 월요병에 시달렸다. 월급값을 하기 위해 하루 24시간이 내 것이 아니라 남의 것이었던 적이 더 많았다. 그런 내게 이 작은 기숙사 방이 묻고 있었다. '시간 혹은 공간의 자유 중에 무엇이 더 중요한가'라고.

시간이 남에게 묶여 있는데 내가 사는 집이 30평이건 100평이건 무슨 소용일까? 비록 사는 곳이 방 한 칸일지라도 24시간이 온전히 내 뜻대로인 삶이 그토록 그리고 갈망하던 삶이었다. 그런 의미에서 요즘 사람들이 무언가를 플렉스하는 걸 좋아하던데 어떻게 보면 가장 값비싼 플렉스가 바로 시간이 아닐까. 지금 내가 할 수 있는 것이 바로 그 시간 플렉스이니, 6평 공간을 넘어 시간의 숲을 여행해야겠다. 그리고 오늘의 당신에게 묻는다.

"지금 당신은 시간의 자유와 공간의 자유 중 무엇이 더 중요한가?"

다시 학생이 되어 보니 유진

감개무량하게도 런던정경대 London School of Economics 학번이 생겼고 학생증을 받았다. 아마존 프라임도 학생이면 6개월이 무료이고, 학생 요금으로 미술관 회원권을 끊을 수 있다. 여러 온오프라인 상점에서 학생 인증을 하면 할인을 해주는 다양한 혜택도 누릴 수 있다. 런던의 비싼 물가를 생각하면 고마운 일이다. 그러나 내게 '학생입니다'라는 말은 그런 자잘한 물질적 혜택이 주는 기쁨보다 학생 신분이 주는 마음의 달콤함이 더 컸다. 그 옛날 마땅히 학생이어야 해서 학생일 때는 몰랐었다. 어렸기도 했고 그저 남들도 다니는 학교였기 때문에 '배우는 중'인 신분이 가질 수 있는 면죄부를 알지 못했다. 그러다가 사회에 던져지고 하루하루를 전쟁처럼 살거나 혹은 버텨내다가 다시 학생이 되어보니 그 첫 맛은 달콤했다. 누군가의 지시를 받지 않는다는 것, 맡은 일을 제대로 하지 못해서 내가 아닌 제3자 혹은 내가 몸담은 조직에 피해가 가지 않을까 노심초사하지 않아도 된다는 것, 의견이 맞지 않는 사람과 싫어도 계속 봐야 하거나 혹은 어쩔 수 없이 그에게 맞추거나 하지 않아도 된다는 것 등등. 처음에는 하지 않아도 되는 것들을 생각하면서 오래간만에 느끼는 해방감에 심취하였다.

그러나 인생은 언제나 앞이 있으면 뒤가 있고, 장점이 있으면 단점이 있고, 얻는 것이 있으면 잃는 것이 있다. 학생이라고 '자유'만 주어지는 것은 아니다. 런던정경대는 구하는 자가 얻고 스스로 돕는 자가 도움을 받는 매우 자유방임주의적 교육 시스템이었다. 비록 온라인 수업이라는 한계가 있었지만 교수님들과 조교들은 열정적이었다. 모든 질문에 성심성의껏 답변해주고, 아무 의미 없어 보이는 질문과 잘못 해석하였거나 간과한 부분이 있는 의견도 존중하면서 하나라도 더 알려 주려는 것을 느꼈다. 그러나 그 모든 열정적 피드백은 하나의 전제가 필요했다. '준비되어 있는가'라는 전제.

수업을 듣기 위해 매주 필수로 읽어야 하는 논문과 더 읽으면 좋은 논문이 있다. 관련 사례들을 찾아 읽고 미리 질문을 보내거나 발표 준비를 한다. 물론 이 모든 것을 하지 않는다고 해서 그 누구도 나를 타박하거나 질책하지 않는다. 스스로 고민하여 준비하는 사람은 그만큼 얻어갈 것이 많다. 우리나라 대학 수업을 돌아보면, 강의 시간에 교수님의 일방적인 지식 전달이 대부분을 차지했었다(부디 지금은 다르기를 바란다). 그러나 런던정경대의 모든 수업은 지식 전달 위주의 강의 비중이 매우 작다. 사전 녹화된 강의를 보긴 하지만 대부분 30분 이내이고 실제 수업은 질의응답으로 운영되며, 세미나 시간은 소그룹 토의와 읽어 온 논문에 대한 세밀한 논쟁이 오고 간다. 아무것도 준비하지 않고 가면 일주일에 3시간 넘게 주어지는 수업 시간을 그저 허공에 뿌리는 것이다. 그러므로 배움은 실수해도 되는 면죄부는 맞지만, 노력하지 않아도 된다는 면죄부는 될 수 없다. 내가 대학을 다닐 때만 해도 자체 휴강이 낭만이라 생각했고, 대학 생활의 꽃은 밤에 학교 앞 술집에서 피었다. 도서관이 아니라. 그러니까 그 시절에는 몰랐다. 내가 지금 어떤 것을 고민해야 하는지.

 학생이 해야 할 첫 번째 도전은 사회에 던져졌을 때를 대비한 치열한 시간 관리와 자기 관리이다. 나에게 주어진 시간을 온전히(누군가에게 끌려다니지 않고) 나의 통제하에 어디에 어떻게 운영할 것인가를 고민하는 것을 연습해야 한다. 그리고 두 번째는 '생각하는 힘'이다. 논문을 읽을 때 까만 것은 글자요 하얀 것은 여백이니, 이 여백에 술잔을 동동 띄울 것이 아니라, 비어있는 여백까지도 고민하며 읽어야 한다. 이 두 도전에서 끊임없이 시도하고 또 수없이 실패했다면 나의 사회생활은 더 명확한 가치를 추구하는 삶이 되어 있지 않았을까? 그저 편안하게 사회의 잣대에 비추어 무리 없이 평탄한 삶을 사는 것에 급급한 지금의 내가 아니라.

 늦은 나이에 유학을 왔고, 이제는 마흔이라 읽어도 예전처럼 머릿속에 남지를 않고, 자잘한 글씨를 온종일 보는 것도 피곤한 저질 체력을 마주하게 되니 더욱 그러한 생각이 든다. 20대 때 지금처럼 배우는 것의 의미를 알고 깊이 고민했다면 얼마나 많은 것을 알 수 있었을까. 소크라테스가 끊임없이 '왜'라고 물었던 문답법의 의미를 그때 알았더라면, 당연히 해야 했을 질문을 오랜 시간 두고 고민했더라면, 지금의 내가 주어진 질문과 문제를 해결하는 데에 급급하지 않고 사소한 것으로부터 자유로워질 수 있었을까. 그런 의미에서 '배움에는 때가 있다'. 그리고 동시에 '배움에는 끝이 없다'. 가장 배우기 좋은 때를 놓쳤지만 그렇다 하여 배움을 놓아서는 안 된다. 늦은 나이에 유학을 온 덕분에 어쩌면 죽을 때까지 깨닫지 못했을 것들을 배웠다.

형광펜과 애플펜슬 유진

학기가 시작되고 모든 것은 인터넷 상에서 디지털 기반으로 진행되었다. 코로나로 많은 사람이 듣는 수업은 당연히 줌으로 진행되었고, 소규모로 진행되는 세미나조차 줌에서 이루어졌다. 수업 자료는 모두 인터넷을 통해 내려받는 방식이라 서점에 가서 사야 할 교과서가 없었다. 무들(Moodle, 오픈 소스 전자학습 플랫폼) 사이트가 학교 도서관 사이트와 연계되어, 읽어야 할 논문 리스트와 책이 올라오고 전자문서나 전자책으로 내려받았다. 간단한 퀴즈나 에세이 제출도 모두 인터넷 상으로 진행했다. 노트북과 와이파이만 있으면 사실상 한국에서 유학 생활을 한다 해도 아무런 불편함이 없을 만큼 모든 것이 가능했다. 이런 까닭에 학교에 갈 일이 정말 없는데 다행스럽게도(?) 통계 과목은 세미나를 학교에 가서 들을 수 있었다. 물론 그것도 온라인으로 전환할 수 있었지만 일주일에 하루 1시간 정도는 학교에 가고 싶었다. 그렇게 첫 세미나 수업에 들어갔다.

세미나 강의실에 갔던 첫날은 예상했어야 했는데 예상하지 못한 수업 풍경이 펼쳐졌다. 나도 물론 노트북을 들고 가기는 하였지만, 나만 삼성전자 노트북이고 나머지 학생들 대부분은 아이패드 혹은 맥북이었다. 물론 그 통계 수업반에서 내가 제일 연장자였을테고 나머지는 이제 막 학사 졸업 후 석사 과정을 시작한 20대 초중반의 청춘이었다. 그들은 아이패드 위에 애플펜슬을 이용하여 쓱쓱 필기하고 있었다. 조교가 하는 말을 세미나 강의자료 ppt에 텍스트 입력창을 열어서 적고 있는 나와 달리. 하아, 세월이 흘렀고 세상이 이렇게 변했구나. 인터넷으로 모든 것이 되고 전자책이 널리 읽히는 시대에 공부하러 왔으면서 이걸 생각하지 못했다. 교실 풍경도 '디지털' 세상으로 바뀌었을 거라는 것을.

순간 화끈거림을 느꼈다. 나는 기숙사에 프린터가 없어서 다음 주에 읽어야 할 논문을 인쇄할 요량으로 수업이 끝나면 도서관에 가려고 했었다. 노트북 화면으로 오랜 시간 논문을 읽기도 힘들고 전자문서에 형광펜 기능을 쓸 수는 있지만 중요한 내용을 기억하는 게 영 시원찮았다. 내가 공부하던 시절(그래도 나름 밀레니엄 세대였는데)에는 수업 시간에 천문학 개론 교과서에 밑줄도 좀 치고 노트에 선형대수학 공식 써가며 공부해야 오늘 공부 좀 했구나 싶은 그런 때였다. 내가 런던으로 유학 간다고 했을 때, 나의 20년지기 친구는 공부 열심히 하라고 무려 스타빌로 Stabilo 형광펜 세트와 색색의 사라사 Sarasa 펜을 선물해주었다. 다른 친구로부터 볼펜 한 자루는 목에 걸고 다니며 편하게 메모하라며 볼펜과 목걸이 볼펜 집을 받았다. 여기에 그치지 않고 회사 동료는 필기 열심히 하라며 공책 두 권을 선물해줬다.

우리는 그렇게 진하게 아날로그에 젖어 사는 '형광펜 세대'다.

  나는 여러 색깔 펜으로 사각사각 써 내려가는 필기감을 좋아한다. 글씨가 너무 잘 써지는 어느 날을 기억하고 싶어 하고, 전자책으로 공부할 수 있다 해도 결국에는 종이로 된 교과서를 사고야 만다. 교과서의 여백에 교수님 말씀을 메모하며 형광펜으로 말풍선 만들어 넣고, 중요한 부분은 쓰리엠 인덱스 포스트잇을 붙이면서 공부한다. 내게 글을 읽는 것은 단순히 글자로만 인식하는 게 아니라 책장을 넘기며 책 속의 공간을 인식하면서 기억하게 되는 것이다. Ctrl+F로 어디에 나온 용어였는지 찾는 전자문서로는 절대 느낄 수 없는 공감각적 이해력과 기억력을 사용한다. 그런 아날로그 형광펜 세대인 내가 2020년에 다시 학생이 되어 아이패드 세대를 만나, 형광펜과 색색 볼펜이 아니라 아이패드와 애플펜슬을 사 왔어야 했다고 약간의 후회를 해 본다. 그러나 정말 잠시 잠깐의 후회일 뿐이다. 아이패드를 살까 고민하다가도 1년 후 한국에 돌아가면 결국 쓰지 않을 거라는 것을 알기에 쉬이 단념할 수 있었다. 거금을 들여서 살만큼 필요하지는 않으니까. 지금 조금 불편해도 괜찮았다.

  불과 몇 년 전에는 세상의 변화에 적응하지 못하면 도태된다고 생각했다. 어떤 분야에서는 변화의 속도를 부지런히 좇아 가려고 노력하기도 한다. 그렇지만 아날로그 방식을 버릴 수 없는 것들이 있다.

책은 책장 넘기는 맛으로 읽고 영화는 스크린에서 봐야 제맛이며 연말연시에 아끼는 사람에게 손편지와 손카드를 보내는 것을 좋아한다. 나이를 먹었기 때문에 적응이 힘들어서 적응하지 않는 것을 아날로그에 대한 향수로 포장한다고 말하는 사람도 있을 테다. '조금 불편해도 괜찮다'는 핑계라고.

시간이 더 흐르면 애플펜슬도 '아날로그'가 될 것이다(물론 애플펜슬의 기술은 지금이나 그때나 여전히 디지털이므로 사전적 의미의 아날로그는 아니다). 그리고 지금의 아이패드 세대도 그때가 되면 또 나와 같은 생각을 하게 될 것이다. 구식 패드 위에 글을 쓰며 조금 불편해도 괜찮다고. 나는 이 애플펜슬의 감성을 누릴 것이라며. 그렇게 세대는 변하고 젊은 날의 경험은 감성으로 남아, 다시 돌아가고 싶어도 돌아가지 못하는 로망이 된다.

영어 에세이, 너란 녀석 유진

학기가 시작되고 한 달 만에 찾아온 2,000단어 영문 에세이 쓰기. 유학생이면 당연히 넘어야 할 허들을 만났다. 이제 막 시작한 허들 경기인데 문제가 이만저만이 아니었다.

네 말도 맞고 네 말도 맞다

일단 첫 번째 문제는 사회과학 부문의 에세이를 쓴 적이 없다. 나는 태생이 이과생이다. 고등학교, 대학교를 쭉 이공계생으로 지냈다. 그 당시 내가 공부했던 대부분 과목의 답은 정해져 있었다. 숫자를 계산해서 맞고 틀림을, 증거에 기반하여 옳고 그름을 판단하는 것은 익숙하지만 하나의 문제에 대하여 여러 관점이 존재하고 각각의 논리가 나름 합리적이고 의미 있는 사회과학 분야는 일상으로도 학문으로도 낯설었다.

사실 이 말이나 저 말이나 내 눈에는 도긴개긴이다. 영어 논문을 일주일에 10여 편씩 읽으면서 수업을 쫓아가기도 너무 바쁜데 내 생각이란 게 뿌리를 내릴 여유도 없다. 수업 준비 과정에서 읽는 논문 모두 제각기 자기 말이 맞다고 이야기하면서 거기에 맞는 증거를 대는데 그런가 보다 할 수밖에. 나는 솔로몬이 아닌데 네 말도 맞고 네 말도 맞다며 흉내만 내고 있다. 더하여 공공관리학, 정책학이라는 분야가 실용학문의 성격이 강하기 때문에 실증적 근거들이 많이 쓰인다. 그런데 이 실증적 근거는 일정 시기에 한 나라에서 특정 정책이 수립되거나 실행되었던 사례들이 많이 쓰인다. 거기서는 맞았지만 여기서는 틀릴 수 있다. 반대로 거기서는 안 되었지만 여기서는 될 수도 있다. 따라서 저자의 논리는 아주 첨예하게 접근하면 어딘가 석연치 않은 구석이 나오고 아주 관대하게 바라보면 모두 맞는 말이 된다. 어. 쩌. 라. 고.

게다가 제출해야 하는 에세이들은 '~에 대해 논하시오.' 혹은 '어느 정도까지 ~이라고 생각하는가?' 식의 열린 질문이다. 무책임하다. 모든 것을 학생이 스스로 정해야 한다니. 찬성할지 반대할지, 얼마만큼 동의할지, 어떤 근거를 제시할지는 앞선 연구자들의 이야기를 살펴보고 그 안에서 밝혀야 한다. 아무 생각 없이 살았던 지난날을 후회해도 너무 늦었다. 생각을 하자. 그러기 위해서 정말 열심히 논문을 읽었다. 분명 몇 주 전에 읽었던 논문인데 다시 보면 처음 읽는 느낌이다. 어떻게 매일 새롭지? 그런데 계속 읽다 보면 신기하게도 생각이 정리가 되어간다. 이때 기분이 사뭇 낯설지만 행복하다. 그동안 계속 업무만 하다 보니 생각의 폭도 좁고 사실상 생각은 하지만 사고는 하지 못했던 시간을 살다가 나름대로 고민하고 사고하는 과정이 주는 행복이었다.

나만 그렇게 말하는 게 아니야

에세이 형식에 익숙하지 않다는 게 두 번째 문제다. 사회과학 논문을 읽다 보면 거의 한 문장이 끝날 때마다 인용한 참고문헌의 출처가 나온다. 저자는 이게 온전히 나만의 생각이 아니고, 내 앞에 수많은 학자가 이런 내용의 이야기를 했었다고 나를 설득하고 있다. 이 방식을 나도 써야 하는데 이 과정이 정말 어렵다. 일단 선행연구 논문을 읽었다 하더라도 제대로 이해했는지도 모르겠고, 과연 어디까지 선행연구이고 어디부터가 내 생각이 되어야 하는지도 불분명했다. 적절한 참고문헌을 찾고 인용하고 마지막에 이를 정리하는 과정 그 자체가 낯설었다.

그러나 결국 많이 읽는 자가 답을 얻는 것이다. 계속 읽으면서 나도 수많은 사회과학자처럼 글을 풀어 나가는 연습을 한다. 물론 에세이를 쓸 때 수업시간에 읽었던 글 중에 나의 논지를 뒷받침해줄 사람이 없을 수 있다. 그러면 도서관을 뒤져 나와 생각이 유사한 사람을 찾아

내면 된다. 나는 그렇게 독창적인 사람이 아니므로, 내가 하는 몇 안 되는 생각쯤은 이미 수 없이 많은 학자들이 하고 또 했다. 부지런을 조금 떨면 되는 것이다. 역시 공부도 숙제도 글쓰기도 엉덩이가 한다. 오랜 시간을 들이면 결과는 대체로 크게 엇나가지 않는다. 이래서 인생은 정직하다. 뿌린 대로 뿌린 만큼 거두는 인생.

참고문헌의 늪에 빠질 때쯤, 기막히게 '시간'의 압박이 찾아온다. 언제까지 읽고만 있을래. 정리를 좀 하렴. 이때 필요한 것이 읽은 논문들을 보기 쉽게 정리하는 프로그램인데 나는 조테로 Zotero를 썼다. 역시 인간은 기술을 이용해야 한다. 이과생 만세! 그리고 참고문헌 리스트 작성은 도서관에서 논문을 찾으면 인용 형식에 맞춰서 복사해서 붙이면 되게끔 잘 정리해주고 있었다. 그래서 의외로 쉽게 해결. 역시, 기술자 만세!

영어라는 장벽을 넘으려면

세 번째 문제가 제일 심각한데 영어로 써야 한다는 것이다. 이런 식의 글은 한국어로 써도 어렵다. 그런데 영어라니! 나는 해외에서 살아본 적도 없고, 어학연수를 다녀온 적도 없다. 타고난 언어적 감각이라는 것도 없다. 영어는 아무리 써도 써도 어려운 '남의 나라 말'이다.

그렇지만 런던정경대 시스템에 감탄한 것이, 이런 방식의 글쓰기에 익숙하지 않은 외국인 유학생들을 위해 에세이 쓰는 법에 대한 튜토리얼이 상당히 잘 되어 있다. 먼저 과목 담당 교수님이 에세이 쓰는 법에 대해 강의를 하고 조교가 멘토링 카페를 운영하며 에세이 작성 과정에 대해 질의응답 시간을 운영한다. 또한, 각 단과대학은 해당 분야에서 활용하기 좋은 에세이 쓰는 방법과 평가 방식에 대해 설명하는 자료를 제공한다. 학교에서 학생들을 대상으로 글쓰기 수업을 따로 열어주기도 한다. 일회성 세미나 형식도 있고 몇 주에 걸친 강의와 실습 방식도 있다. 공부는 역시 혼자 하는 게 아니다. 도움을 받아야 할 때는 확실하게 손을 내밀자.

그리고 마지막으로, 오 하느님 감사합니다. 제가 2000년대에 유학을 안 오고 2020년에 유학 오게 해 주셔서. 빅데이터와 머신러닝의 힘을 여기서 이렇게 체험하는 건가요?! 영어로 쓰다가 표현하기 어려운 부분이 나오면 구글 번역, 파파고에게 물어본다. 의외로 읽을만한 문장으로 번역이 되는데 다시 읽으면서 수정을 조금씩 해주면 어찌 되었든 초안 작성은 할 수 있으니 이렇게 감사할 수가. 앞으로의 세상은 더 발전하겠지? 참 다행이다.

그렇게 2,000자 에세이 첫 과제를 완성하던 날, 대략 3박 4일에 걸쳐 밥 먹는 시간 외에는 모두 글쓰기에 투자했던 그 경험. 아주 오랜만에 느껴보는 성취감이었다. 결과를 떠나 스스로에게 수고했다 말해줄 수 있는 뿌듯함. 그러나 이것은 시작일 뿐, 하나 써서 제출하고 숨 좀 돌리면 또 하나가 기다리고 있는, 빡빡한 일정의 런던정경대이다. 달리기도 힘든데 허들을 넘으며 달리려니 이미 다리에 힘이 풀린다.

2021년 8월, 이제 나는 1만 단어 논문만 제출하면 험난한 여정이 끝난다. 그동안 받았던 에세이 피드백은 수우미양가로 치면 '미'쯤 되려나? 그러나 행복하다. 회사에서 쓰던 보고서가 아닌 글을 쓰며 사고하는 기쁨을 느꼈기 때문에. 언어의 장벽을 넘지는 못했지만 매달려 봤다는 것만으로도 충분히 의미 있었다. 역시 행복은 성적순이 아니고 나이 들어서 하는 공부는 나 좋으라고 하는, 아니 나만 좋으면 되는 거다.

6 장

영국에서 만난 사람들

꿈과 사랑을 좇는 크리즈 혜림

비가 마구 퍼붓는 일요일, 가성비가 뛰어난 파스타를 자랑하는 파델라 Padella에서 크리즈 Kriz를 만났다. 코로나 전국봉쇄령으로 에어비앤비 런던 사무실이 문을 닫은 2020년 3월 이후 내내 못 만나다 2021년 4월 말 방역 정책이 완화된 후 햄프스테드 공원에서 토마 Thomas랑 같이 잠깐 보고 둘이 따로 만난 건 1년 반만이다.

에어비앤비 매니저로서 가장 잘한 일

크리즈를 만난 건 2016년, 에어비앤비 로컬리제이션 팀에서 중국어 담당자를 뽑을 때다. 관리자가 된 지 얼마 되지 않았지만 '좋은 사람을 놓치는 한이 있어도 사람을 잘못 뽑지 않겠다'는 마인드로 까다롭게 면접을 보고 있을 때다.

크리즈는 객관적인 이력에서 채용 조건에 맞지 않았다. 중국 본토에서 쓰는 중국어 간체 Simplified Chinese를 책임질 언어 전문가 Language Manager를 뽑는 자리였기 때문에 중국어 번체 Traditional Chinese를 쓰는 홍콩 출신인 크리즈는 모국어 기준에서부터 탈락이었다. 통번역 교육을 받았거나 일한 경력도 없었다. 그럼에도 불구하고 크리즈를 인터뷰하면서 잘할 거라는 인상을 받았고 중국 시장에서 일한 경험이 있어 중국어 간체를 다룰 능력은 있었다. 고민 끝에 크리즈를 채용했고 아직도 에어비앤비에서 내가 한 일 중 가장 잘한 일이라고 생각한다.

크리즈는 처음 해보는 로컬리제이션 업무를 빠르게 익혔고 명확한 의사소통과 뛰어난 문제해결능력으로 성과를 내기 시작했다. 따뜻하고 배려심도 많아 함께 일해본 사람은 모두 크리즈를 좋아했다.

입사 2년 후, 로컬리제이션 프로젝트 매니저 Localization Project Manager 로 지원해 직무를 바꿨다. 샌프란시스코 본사에 있는 개발자와 디자이너들과 주로 일하는 로컬리제이션 프로젝트 매니저는 본사에서만 채용했는데 싱가포르에 있는 크리즈가 뽑힌 건 그만큼 실력을 인정받은 셈이다. 딸을 시집 보내는 심정으로, 같은 팀이지만 다른 매니저 밑으로 크리즈를 보냈다.

꿈과 사랑 다 가질거야

크리즈는 직원으로서 더할 나위 없이 훌륭하지만 삶을 대하는 태도에서 더 배울 점이 많다. 로컬리제이션 프로젝트 매니저로 전환한 2018년, 크리즈는 샌프란시스코 본사로 이동하겠다고 결심한다. 본사에 훨씬 더 기회가 많기 때문에 나도 그 결정을 반겼다. 까다로운 미국 비자를 받기 위해 수많은 자료와 서류를 준비해서 제출했지만 첫 번째 시도에서 떨어졌고 보충 자료를 준비해야 하는 상황에서 크리즈는 돌연 마음을 바꿨다.

한 발만 더 내딛으면 기회가 많은 본사로 갈 수 있는데 조금만 더 버티지 하는 안타까움도 있었지만, 커리어뿐 아니라 장거리 연애 등 삶의 다양한 요소를 고려해 크리즈가 오래 고민하며 신중하게 내린 결정이었다. 이미 진행된 절차도 있어서 눈치가 보였을 수 있는데 진짜 중요한 게 뭔지 아는 크리즈였다. 그 뒤 2년 정도 싱가포르에서 일하다 2020년 초, 나와 비슷한 시기에 런던으로 옮겼다. 2020년 8월 크리즈는 에어비앤비를 퇴사하고 페이스북으로 이직했다.

나보다 한참 어리지만 크리즈에게 많이 배운다. 원하는 게 무엇인지 깊이 고민하고 진짜 중요한 게 뭔지 안다. 행복하지 않지만 변화가 두려워 꾸역꾸역 현실을 유지하는 누구(?)와 다르게. 따뜻하고 공감력이 뛰어나 록다운 중에 혼자 단칸방에 지내는 내게 자주 연락하고 혹시라도 무슨 일이 생기면 달려오겠다며 주소를 물어봐 줬다. 크리즈가 런던을 떠나면 남겨진 나는 매우 슬프겠지만 일과 사랑 어느 하나도 놓치지 않는 크리즈의 선택을 믿으며 응원한다. 크리즈와 토마 둘 다 내 팀원이었어서 그 어떤 커플보다 잘됐으면 한다. 내가 안 뽑았으면 못 만났을 지도 모르니 내 덕이라고 혼자 뿌듯해 한다.

브렉시트 Brexit로 수만 명이 떠났지만 여전히 런던에는 젊은 외국인 노동자가 많다. 모두 각자의 고민과 사연을 갖고 용기와 결단을 내 이곳에 살고 있다. 어린 나이에 타국에서 꿈과 사랑을 찾는, 런던의 여러 크리즈와 토마들아, 화이팅!

나의 아저씨 렌 혜림

런던으로 건너오기 전인 2019년, 나는 더블린에 있었다. 더블린에 있다고 하기엔 365일 중 실제 아일랜드에 있었던 날은 출입국 당일 포함 73일. 오히려 한국이 143일로 가장 많았고 미국 41일, 영국 37일, 뉴질랜드 20일, 이탈리아 17일, 독일 12일, 스페인과 일본 각 7일, 프랑스와 중국 각 4일로 다양한 나라에 머물렀다(세금 신고에 필요해서 캘린더에 기록해야 했다). 출장이 이어지며 몸은 축나고 집을 잘못 구해 들어가고 싶지도 않은 마음고생이 이어졌다. 이때 구원의 손길은 렌Renn이었다.

든든한 안식처

깨끗하지 않은 집과 독재자 집주인이자 플랫메이트 때문에 괴로워하는 나를 보며 렌은 런던에 있는 자기 집에 와 있으라고 했다. 렌이 아내와 함께 창업한 코칭 및 커뮤니케이션 회사는 샌프란시스코에 있지만 런던 스타트업과 비즈니스가 많아지면서 런던에 머무는 시간이 많아졌고, 더블린에서 일하는 아들이 가끔 방문했기 때문에 방 2

개 화장실 2개짜리 집이 있었다.

일주일씩 런던에 가서 렌 집에 머물며 에어비앤비 런던 사무실에서 일했다. 더블린에서 50분이면 런던으로 날아갈 수 있었고 런던 팀들과 회의할 일도 있었기 때문에 일석이조였다. 더블린에 사는 렌의 아들 윌 Will에게서 열쇠를 받고 윌의 방에서 지냈다. 렌과 근처 맛집을 가고 수다를 떨고.

3주에 한 번씩 비행기를 타며 트렁크 생활을 이어갔던 2019년을 버틸 수 있었던 건 렌이 있었기 때문이다. 아쉽게도 정작 내가 런던으로 옮기고 얼마 지나지 않아 렌은 런던 생활을 접고 미국으로 돌아가지만, 집을 구하는 동안 또 한 달 정도 신세를 졌다.

마라톤 하면 춘천이지

렌을 처음 알게 된 건 2015년 에어비앤비 샌프란시스코 본사에서였다. 렌은 에어비앤비 창업자들의 코치로 특히 CEO 브라이언이 많이 따랐다. 에어비앤비 초창기부터 함께 회사를 키워왔기 때문에 직원들과도 가까웠고 전 세계 에어비앤비 지사를 다니며 교육과 코칭을 했다. 당시 내 매니저였던 알무 Almu 역시 초창기 멤버로 렌과 친했

우리는 어쩌다 런던에서   153

고 나와 내 동료에게 관리자 교육을 부탁했다.

실리콘밸리 창업자들을 주로 교육하는 렌에게 1:2로 과외를 받게 된 건 순전히 알무와의 친분 덕분이었고 지금도 내 상사로서 알무가 나에게 준 최고의 선물은 렌이라고 생각한다. 두 시간이 채 안 되는 만남에서 렌의 통찰력과 따뜻함에 반했다. 흔한 프레젠테이션이나 자료도 없이 빈손으로 들어와 나와 샘의 얘기를 듣더니 정곡을 콕콕 찌르는 말을 풀어냈다. 우리의 고민과 고충을 꿰뚫고 있었다.

일회성으로 끝날 수도 있었던 렌과의 만남이 지금까지 이어질 수 있었던 계기는 마라톤이다. 렌은 1년에 여러 차례 풀코스 마라톤을 뛰었고 대회에 참가하기 위해 비행기를 타고 먼곳까지 가는 걸 마다하지 않았다. "Do you know Chuncheon (춘천 마라톤 알아요)?" 렌에게 춘천 마라톤이 얼마나 멋진 풍경을 보며 뛰는 대회인지 설명했다. 정작 참가해본 적도 없으면서. 렌이 그 말을 기억하고 진짜로 춘천 마라톤을 뛰러 올 줄이야.

2015년 10월 25일, 렌은 풀코스를 뛰었고 나와 에어비앤비 동료 두 명은 10km 코스를 뛰었다. 일주일 전쯤 한국에 도착해 에어비앤비 코리아 직원들에게 일대일 코칭을 해주고 마침 한국 방문 일정이 있었던 창업자 네이트와 광장시장에서 떠들썩한 회식도 함께 했다.

마라톤 전날 용산역에서 함께 기차를 타고 춘천에 도착해 닭갈비를 먹었다. 며칠 전까지 미세먼지가 심각한 '매우 나쁨'이어서 걱정했는데 다행히 공기가 좋아 다음날 상쾌한 마음으로 완주했다.

렌은 마라톤을 뛰고 나면 완주를 기념하는 문신을 새기는 리추얼이 있다. 한글로 새기고 싶다며 디자인을 부탁했고 에어비앤비 코리아 직원들과 함께 만들어 렌의 몸에 우리의 추억을 새겼다. 서로 출장이 잦아 그 뒤로 샌프란시스코, 싱가포르, 더블린, 런던 등 일정이 겹칠 때마다 함께 밥을 먹는 사이가 됐다.

나의 아저씨

2020년 2월 25일, 렌의 생일에 근사한 레스토랑에 가서 저녁을 먹은 걸 마지막으로 우리는 만나지 못했다. 3월 초 영국은 코로나의 급격한 확산으로 전국봉쇄에 들어갔고 미국은 영국발 항공편을 막겠다는 방침을 발표했다. 홍콩으로 건너가 아시아 사업을 확장할 계획으로 런던 집을 정리하고 있던 렌은 짐 정리도 제대로 못한 채 부랴부랴 샌프란시스코로 돌아갔다. 남아있는 짐 중 꼭 필요한 것을 상자 하나에 담아놓고 부쳐달라고 부탁하면서. 이렇게 제대로 인사도 못하고 코로나 이산가족(?) 마냥 지냈다. 평소라면 서로 출장을 다니며 일 년에 수차례 만났을 텐데.

그러다 2021년 8월 16일, 렌이 런던을 방문했다. 물론 나는 코로나로 런던에서 한 발짝도 나가지 않고 있었으니 반가운 마음으로 맞이했다. 너무 오랜만에 만나 수다 보따리를 풀어 재끼느라 음식을 주문하는 데 30분은 걸렸다. 먹고 마시고, 그보다는 쉴 새 없이 떠드느라 식사를 다 하고 나니 어느새 저녁 10시가 넘었다. 9시는 넘어야 해가 지는 런던의 여름에 어두컴컴한 길을 걸어 집에 왔다.

렌은 경영과 인재 관리 전문 코치로 렌을 거쳐간 실리콘밸리 창업자들이 한 트럭이다. 스타트업을 발굴하고 창업자의 멘토 역할을 하는 데서 보람을 느낀다. 이번에 런던에 온 것도 렌이 담당하는 헬스케어 스타트업의 워크숍 때문이었다. 그런 렌이 나의 사소하고 하찮은 고민까지 들어주고 진심어린 조언을 해준다. 팀원과 업체와의 갈등때문에 힘들다는 하소연을 하기도 하고 팀원이 더 좋은 성과를 내도록 독려하는 팁을 구하기도 한다. 렌은 진심으로 나를 위하는 든든한 내 편이다. 그걸 알기에 렌 앞에서는 정말 솔직해질 수 있다. 불안감이 높고 자존감은 낮은 나에게 내가 얼마나 잘하고 있는지, 얼마나 괜찮은 사람인지 잊을 만하면 말해준다.

렌의 집에서 지내던 2019년 어느 날, 사무실에 있는데 렌에게서 메시지가 왔다. "세탁기에 속옷이 있더라"고. 그러면서 내가 민망해할까봐 "내 딸도 가끔 이러더라"는 말을 덧붙인다. 집에 돌아가 세탁기를 보니 팬티 한 장이 드럼통에 찰싹 붙어있다. 세탁기 탈수 기능이 어찌나 센지 속옷이 드럼통 사방에 납작하게 붙어있는 걸 떼어내서 널었는데 하나를 놓쳤나보다. 운동화 빨래를 하고 나서 그걸 발견한 렌이 건드리지 않고 메시지를 보낸 거다. 그 배려에 미소가 지어진다. 이런 남자 어디 없나요?

　나의 인생 드라마 『나의 아저씨』의 이지안(아이유)에게 박동훈(이선균)이 있다면 나에겐 렌이 있다!

알고 보면 따뜻한 바즐레이 교수님 유진

런던정경대에 와서 여러 교수님을 만났고(물론 화상으로만) 교수님 대부분은 자유방임주의 교수법을 실천했다. 유독 딱 한 교수님이 속되게 말하면 '멱살 잡고' 끌고 가는, 하버드 경영전문대학원 MBA식 교수법을 실천하셨는데 바로 바즐레이 Barzelay 교수님이었다(실제로 교수님은 하버드에서 박사학위를 취득하셨다).

경영학과 교수님이면서 공공경영을 주로 가르치셨는데 커리큘럼을 살펴보고 강의 소개 세션을 들었을 때, 나처럼 경영학 배경이 있으면서 공공조직 관리에 관심 있는 사람에게 적절해 보였다. 매주 각 나라의 공공조직 경영혁신 사례가 포함되어 있었고, 혁신 과정에서 사용할 수 있는 여러 가지 이론적 배경을 다양하게 접목할 수 있었다. 과목 이름부터가 '디자인 관점으로 접근하는 공공관리학 Public management: Design oriented approach'으로, 언뜻 생각하기에 매우 입체적인 강의가 진행될 것 같았다.

콜드콜 그리고 기념품

실제 수업은 강의와 세미나 그리고 특강으로 구성되었다. 정규 강의는 월요일 오전 9시에 1시간가량 교수님이 중요 내용을 설명해주는 방식으로 진행됐다(월요일 오전 9시 강의를 하는 것을 보고 눈치를 챘어야 했다. 월요일 오전 9시는 학부 때도 필수 과목 아니면 신청하지 않던 시간이었는데). 이 수업 시간에 그 주의 케이스와 이론을 간략히 브리핑하고 나면, 질의응답 시간이 진행된다. 읽으면서 궁금했던 것을 묻는데 여기서 바로 교수님 성향이 드러났다. 다른 교수님들은 질문이 좀 이상하더라도 옳은 방향으로 해석해서 질문을 수정하거나 우문현답을 실천하셨다면, 우리 바츨레이 교수님은 질문이 이상하면 그건 질문이 잘못되었다고 말했고, 역으로 교수님이 질문하셨다. 제대로 이해했는지 확인할 때까지. 그리고 본인이 생각하는 올바른 답이 나올 때까지.

강의 후 수요일에는 2시간 동안 세미나가 진행되는데 이른 새벽, 늦은 밤을 가리지 않고 교수님의 세미나 준비용 추가 설명 자료가 쏟아졌다. 다 읽고 가기도 벅찼다. 좀 쉬엄쉬엄하면 안 되나 싶을 만큼. 그리고 세미나 시간은 교수님의 하버드 경영대식 교수법이 빛을 발했다. 시작하자마자 곧바로 이번 주엔 누구로 할까를 고민하시고(아니 어쩌면 미리 생각하고 오셨던 것 같다) 한 명을 지목했다. 그럼 그날은 교수님과 선택받은 자와의 콜드콜 cold-call 시간이다. 끝없는 질문 (소크라테스가 좋아했을 '왜, 어떻게, 그게 아니라면, 이렇게 되면') 폭격을 받는 시간이다. 더러는 당황하고, 더러는 모르겠다고 말하기도 하지만 대체로 모든 학생이 그래도 끝까지 답변하기 위해서 노력한다. 교수님은 인정사정없이 폭풍 질문을 하면서 올바른 답이 나오면 미소가, 잘못된 답이 나오면 얼굴이 바로 일그러지시는 터라, 답하는 이로 하여금 당혹감과 창피함을 처절하게 느끼게끔 했다.

하루는 내가 당첨되었다. 식은땀이 흐르나 싶을 만큼 긴장 상태로 질문과 답변이 오고 갔다. 내 시간이 끝나고 나니 남은 수업 시간은 어떻게 흘렀는지도 모를 만큼 정신이 쏙 빠졌다. 이 수업 괜히 신청했다는 후회마저 들었다. 반전은 그날 수업이 끝나고 벌어졌다. 이렇게 멱살 잡고 끌고 가는 바즐레이 교수님이 친히 나에게 메일을 보내셨다. '기념품 Souvenir'이라는 제목으로.

> *Youjin*
>
> *Here's a souvenir of your first participation in a class with Socratic teaching about management. Thanks for taking the risk and sticking with the dialogue.*

오늘 공공관리에 대한 소크라테스식 교수법 수업에 처음 참여한

기념품입니다. 위험을 감수하며 대화를 끝까지 이어간 것에 고마움
을 전합니다.

나의 줌 회의 영상을 캡처한 사진과 함께 보내주신 메일이었다. 아, 우리 츤데레 바즐레이 교수님. 멱살 잡고 끌고 가더라도, 이렇게 귀여운 면이 있으시구나! 그 메일을 받고 교수님에 대한 꽉 닫힌 마음이 살짝 열렸다.

기한 연장과 위로의 선물

12주간의 빡빡했던 바즐레이 교수님과의 수업이 끝났다. 남은 것은 평가용 에세이 제출뿐이었다. 그런데 하필, 과제 제출 마감을 일주일 남겨두고 충수염 수술을 받았다. 퇴원하고 정신을 좀 차린 후, 교수님과 학과 사무실에 수술 증명서를 첨부하여 에세이 제출 마감 기한을 연장해달라는 메일을 보냈다. 얼마 지나지 않아 교수님이 두 개의 답변 메일을 보내셨다. 하나는 학과 사무실에 본인이 심사위원장 권한으로 마감 기한 연장을 허락하니 처리해 달라는 메일이었고, 다른 하나는 런던에 있었던 거냐며 아직 입원하고 있는 건지, 누구 도와줄 사람은 있는 건지 걱정된다는 메일이었다. 내가 퇴원했고 친구와 함께 지내서 괜찮다고 메일을 드리자 또 바로 괜찮으면 작은 선물을 보내고 싶으니 주소를 알려달라고 하셨다.

　먼 타국에 와서 엉겁결에 수술받고 바로 다음 날 퇴원한 데다가 혜림이가 옆에 있어서 뭔가 서러움을 느끼거나 외로움을 느끼지 못했었다. 그런데 교수님의 그 메일 하나에 몇 줄 되지도 않는 문구에 갑자기 내가 꽤 큰일을 겪었다는 사실을, 그리고 혜림이 말고 영국 하늘 아래에 나의 아픔을 위로해주는 사람이 한 사람 더 있다는 사실에 위로 받았다. 보내주실 선물이 무엇이 되었든 나는 그저 콜드콜을 사랑하는 바즐레이 교수님의 세상 따뜻한 메일로 눈가가 촉촉해졌다.

　그렇게 주말이 지났고 교수님은 꽃다발을 선물로 보내셨다. 쾌유를 바란다는 카드와 함께.

　너무 물리도록 듣는 말이지만 그래도 이 말밖에 없다. 사람은 겪어봐야 하고, 오래 지내봐야 안다. 한국에서도 영국에서도 세상 어디에서도 만고불변의 진리리라. 그리고 또 한 가지. 빡빡한 교수님의 강의도 결국은, 사실은, 학생들을 지극히 아끼는 마음에서 오는 열정이었다. 사랑이 없고 애정이 없으면 그 누구도 무엇인가에 그토록 최선을 다하지 않는 법이다.

안달복달 V vs 여유만만 C 유진

전 세계에서 학생이 모여드는 런던정경대에서 만난 이들은 다 기억할 수 없을 만큼 많다. 게다가 나는 선택 과목으로 내가 속한 학과 수업이 아닌 다른 학과 수업까지 들었기 때문에 훨씬 더 많은 사람을 만날 수밖에 없었다. 아마 코로나가 아니었다면 정말 다양한 에피소드들이 쏟아져 나왔을 텐데 아쉽게도 모든 학기를 온라인으로 수업한 탓에 런던에 온 학생이 절반이 안 되고, 런던에 있다 해도 만날 수가 없었다. 특별히 기억에 남을 만한 사람이 없는 무채색의 인간관계 중에 그래도 유달리 기억에 남는 둘이 있다. 둘을 같은 수업에서 만났는데 정말 너무 양극단에 있는 친구들이라 비교가 되기도 하고 그들이 인지할지는 모르지만 어쨌건 내게 몇 가지 에피소드를 남겨준 V와 C에 관하여 이야기해 보려고 한다.

V는 브라질 청년이었는데, 첫 학기에 같은 수업을 듣고 같은 세미나 그룹이어서 여러 차례 만났다. 그런데 항상 줌 화면을 끄고 수업을 듣고 소그룹 모임을 해도 절대 화면을 켜지 않았다. 본인이 하고 싶은 말이 있을 때만 소리를 켰고, 상대방이 말을 해도 반응이 없었다. 처음에는 브라질에 있다고 해서 시차 때문에 그런가 보다 했는데, 런던

에 오고 나서도 달라진 건 없었다. 뭐 줌에서는 자기가 하고 싶은 대로 하는 거니까 넘어가려고 했지만 그래도 좀 괘씸했다. 수업만 끝나면 그룹 과제 업무 배분은 어떻게 할 건지 누가 할 건지를 정하자고 바로 메일로 독촉하는 통에 교수님보다 더 스트레스를 주는 인물이었기 때문이다. 그렇게 급하면 세미나 수업할 때 말을 좀 할 것이지.

그러다가 어느 날 조별 과제를 제출해야 할 기한이 다가왔는데, 정리해서 올리기로 한 다른 친구가 연락이 안 된다면서 V가 왓츠앱 WhatsApp으로 말을 걸어왔다. 나는 아직 시간이 남았으니 기다려보자고 했는데 V는 자기 이제 비행기 타야 한다며, 과제 게시하는 걸 확인할 수 없으니 본인이 제출하겠단다. 응? 아니 아직 몇 시간 남았고 좀 늦게 올린다고 크게 탈이 나는 것도 아닌데? 이 친구 정말 안달복달하는 성격이구나 싶었다. 내가 "조금 더 기다려도 되지 않을까?" 해도 막무가내. 결국 V는 자기가 대충 써서 올려놓고 비행기를 탔고 원래하기로 했던 친구는 기한에 맞춰서 또 제출했다. 결국 우리 그룹은 이상한 꼴이 되고 말았는데, V는 비행기를 타버려서 제출한 게시물을 삭제할 수도 없었다. V의 조바심으로 원래 담당했던 친구는 좀 기분이 나빠 보였고, 나는 괜히 미안해졌다.

C는 미국 청년이었다. V와 정반대로 수업 시간에 항상 화면을 켰고, 적극적으로 질문도 하고 소그룹 회의에서도 활발히 의견을 내고

상대의 말을 경청하면서 적절하게 반응했다. 덕분에 C와 같은 그룹이 되면 세미나 시간이 매우 생산적이고 역동적으로 흘러갔다. 그리고 조별 과제를 해야 할 때면, 다른 사람들이 하고 싶은 걸 다 선택하고 나면 본인이 남는 역할을 하고 정리해서 메일로 보내주는, 누가 봐도 모범적인 학생 그 자체였다. 나와는 세미나 시간에 임의로 맺어주는 소그룹 방에서 여러 차례 만난 덕분에 몇 주 지나서는 소그룹 회의 시간에 서로 안부도 묻고 과제 관련 푸념도 하고 꽤 친밀감이 생겼다. 코로나 때문에 한국에 대한 뉴스도 보고 있다며 궁금했던 것을 내게 물어 오기도 하고, 회사도 다니고 공무원 생활도 한 나의 경력과 경험을 궁금해 했다. 나보다 열 살 이상 어린 C였지만, 나보다 더 의젓했고 여유가 넘쳤다. 내가 과제와 논문 때문에 한창 스트레스 받고 있다는 이야기를 소그룹 시간에 했는데 바로 다음 날 왓츠앱으로 어제 내가 너무 스트레스 받고 피곤해 보여서 걱정된다며, 다 잘 될 거라고 위로의 말까지 전해주었다. 이런 스윗한 구석까지.

그랬던 V, C와 2학기에도 같은 수업을 하나 들었는데, 학점에 들어가는 그룹 과제의 조 편성을 학생들끼리 알아서 하는 방식이었다. 나는 당연 V와 함께할 생각이 없었고, C에게 먼저 말을 건넸다. C는 역시나 매우 흔쾌히 같이 하자고 했고, 자기가 몇 명 더 모아보겠다고 했다. 그렇게 C를 포함하여 그룹 편성 최대 인원을 채웠다. 그런데 2학기 들어와서는 같은 수업을 들었으나 세미나 시간에 같은 그룹으로 묶인 적이 없어서 말 한 번 안 하고, 그렇다고 개인적으로 안부도 묻지 않던 V가 학교 메신저로 자기랑 같이 과제를 하자고 연락을 해왔다. 하~ 요 녀석 봐라? 싶었다. 자기 급할 때만 연락하고, 또 과제할 때 자기 좋을 대로 하고 안달복달 괴롭힐 거면서! 흥칫뽕이닷! 나는 다른 그룹에 이미 들어가서 같이 못 하게 되어 미안하다고 답을 했다. 그런데 마치 매우 오랜만에 연락해서는 결혼한다고 말하고, 모바일 청첩장 전해주며 꼭 와 달라고 하더니 막상 결혼식 이후에는 일절 연락 없는 친구처럼, V는 나의 답변에 아무런 반응이 없었다. 하~ 세상 어디에 가도 이런 인간은 꼭 있구나 싶었다.

그렇게 국적, 인종, 나이도 다르고 모든 것이 다른 V와 C를 겪었지만, 둘 다 그동안 내가 만났던, 어디를 가나 꼭 있는 그런 사람 중 한 사람이었다. 북미권은 어떻고, 남미 사람은 어떻고 유럽 사람들은 어떻고 식의 외국인을 만났을 때 작동하는 선입견이 얼마나 무의미한가를 느꼈다. 보이는 외양과 그의 국적, 인종은 사실 그 사람을 설명해주지 못한다. 그의 나이도 그를 설명할 수 없다. 80년대생은 어떻고 90년대생은 어떻다고 단정 지을 수도 없다. 그저 각자가 각자의 성격을 타고난다. 어느 나라에서나 어느 시대에나 어느 인종이거나, 선한 사람 악한 사람이 있고, 안달복달하는 사람 여유만만인 사람이 있고, 내가 먼저인 사람 남이 먼저인 사람이 있다. 인류의 보편적 성격 유형은 세상 어디에나, 어느 시기에나 나타나는 것이니까.

7 장
알아두면 쓸데없는 영국 잡학사전

런던에서 집 구하기 혜림

    영국 비자 Tier 2 General를 쥐고 부푼 마음으로 런던에 들어온 지 1년 만인 2021년 1월, 이번에는 이미 받아 놓은 거주증 residential permit으로 입국했다. 에어비앤비에서 임시로 지내다 집을 구해서 들어가야 하는 처지라 데자뷰 같지만 2021년 1월은 2020년 1월과 아주 다른 세상이었다.

2020년 B.C.(before COVID, 코로나 이전)

    영국 지사로 발령 받고 온 거라 해외 이주 서비스를 제공하는 에이전시에서 도움을 받았다. 담당자와 논의하며 정리한 집 구하는 조건은 다음과 같다.

- 통근 시간 30분 이내(사무실을 가장 자주 갈 테니)
- 난방이 잘 되는 현대식 아파트(영국 집은 정말 춥다)
- 가구 포함(월세 사는데 가구와 가전제품 등을 내가 다 구하긴 힘드니까)
- 신축 또는 리모델링된 집(오래된 건물이 대다수라 현대식으로 개조하지 않으면

살기 힘들다. 수도꼭지부터 찬물 더운물이 따로 나오는 곳이 허다하다)

　- 월 1,700파운드 이하(원룸에 270만원이라니 까무러치게 비싸지만 런던에서
집 구하려면 이 정도 내야 한다)

　영국에서 많이 보는 부동산 사이트*를 뒤지며 열심히 보다 보니 조
건이 점점 늘었다.

　- 이중 창에 너무 시끄럽지 않은 동네

　- 2층 이상(영국 기준 1st floor)

　- 사무실까지 걸어갈 수 있는 거리(30분 이내)

　인생의 모든 것이 그렇지만 완벽한 집을 찾기는 불가능했다. 위치
가 괜찮으면 반지하였고, 경비까지 있는 안전한 건물의 집은 너무 좁
고 창문이 작았다. 위치도 나름 괜찮고 구조도 나쁘지 않으면 낡은 티
가 너무 났다. 원룸을 보다 보니 구비된 냉장고가 가장 윗 칸만 냉동
칸으로 된 작은 냉장고인 경우도 있었다.

　점점 지치고 초조해졌다. 결국 좁고 창문이 작아 답답하지만 회사
까지 걸어갈 수 있고 경비실도 있는 집을 계약하기로 정했다. 일을 진
행하는 내내 확신이 없었지만 기다린다고 괜찮은 집이 나온다는 보

---

* www.zoopla.co.uk / www.rightmove.co.uk / www.openrent.co.uk

장도 없었다. 구체적인 계약 조건을 논의하는 중 쇼디치 쪽에 꽤 널찍한 원룸을 발견했다. 방이 따로 없는 대신 확 트인 구조였고 회사에서도 멀지 않았다. 냉장고가 작았고 담배 냄새가 심하게 난다는 것 외에 괜찮아 보여 계약금 holding deposit을 입금했다(계약을 원하는 사람이 여러 명일 경우 먼저 계약금을 입금한 사람이 우선권을 가진다).

이렇게 덜컥 계약금을 걸었지만 마음이 불편했다. 창문이 많아 환한 대신 추울 것 같았고 무엇보다 욕실이 작았다. 샤워할 때 몸을 돌리기 어려울 정도로. 머리를 싸매는 며칠을 보내다 또 새로운 아파트를 발견했다. 회사와 가깝고 현대적인 건물에 경비도 있는 깔끔한 원룸이었다. 다 마음에 드는데 걸리는 건 바로 앞이 공사장이라는 것. 이제 막 건물을 부순 단계라 앞으로 2년은 진행될 거라고…. 두 번이나 더 가보고 공사업체에 전화해서 공사 일정 확인하고 밤잠 설친 후에 결국 이 집으로 정했다. 다른 집에 걸어놓은 계약금은 날리고. 몸도 피곤하고 마음고생도 하고 여러 사람에게 민폐를 끼친 끝에 3월 2일 입주하는 계약서에 사인을 했다. 두 달도 못 살고 코로나에 쫓겨 한국으로 피난갈 줄은 전혀 모른 채….

2021년 A.C.(after COVID, 코로나 이후)

2020년 3월 2일, 올드스트리트 근처 원룸에 들어갔다. 일주일 후인 3월 9일부터 에어비앤비 사무실은 문을 닫고 재택근무 체제에 돌입했고 3월 16일 영국은 전국봉쇄령이 내려졌다. 기본적인 식기류도 구입할 새 없이 집에 갇혀 지내며 한국으로 피난을 떠난 4월 17일까지 마주치는 사람이라고는 건물 보안요원과 마트 직원뿐인 나날을 보냈다. 코로나에 걸리기 전에 우울증에 걸릴 것 같아 한두 달 피해 있자는 생각으로 떠났으나 미루고 또 미뤄 결국 2021년 1월 15일 귀국길에 올랐다.

귀국 일정 가닥을 잡은 뒤, 2020년 말 슬슬 집을 알아보기 시작했다. 결과적으로 한 달 반밖에 살지 못한 올드스트리트 집은 6개월 전에는 계약을 해지할 수 없었기에 9월 초까지 빈 집에 월세를 꼬박꼬박 내야 했고, 7월 말 현지에 있는 한국 업체를 통해 원격으로 짐을 뺐다.

1년 만에 다시 집을 구하게 됐지만 선택 기준은 달랐다. 작년에는 사무실과의 거리가 가장 중요한 요건이었지만 재택근무가 확정돼 사무실 위치는 아예 고려하지 않았다. 오히려 걸어서 공원을 갈 수 있는 곳이 1순위 조건이었다. 마침 영국 유학길에 오른 대학 친구 유진이와 함께 집을 구하기로 했다.

우리의 조건은 다음과 같았다.

- 걸어서 공원을 갈 수 있는 곳
- 방2 욕실2
- 월세 2,500파운드 이하
- 1월 말 입주

작년과 마찬가지로 시작은 온라인 사이트부터. 지도에 관심 지역을 표시하고 예산과 원하는 조건을 필터로 넣어 검색했다. 감을 잡기 위해 괜찮아 보이는 집 몇 군데에 메시지를 보내 버추얼 뷰잉이 가능한지 물어봤다. 코로나 시국이라 부동산 에이전트들이 동영상을 찍어 보내주거나 직접 집에 가서 영상통화로 보여준다. 유진이와 동영상을 보고 서로 감상을 나누며 원하는 조건을 맞춰봤다. 동영상으로 봤을 때도 좋아 보이는 집이 있어 현지에 있는 유진이가 직접 보러 가기로 했다.

12월 17일, 유진이는 약속 시간보다 조금 일찍 도착해 동네를 둘러봤고 나는 영상통화로 확인했다. 집이 마룻바닥인 게 마음에 들었고 (카펫은 먼지가 많이 나고 청소하기 어렵다) 방 두 개가 비슷한 크기로 적당했다. 무엇보다 화장실이 각 방에 연결되어 있다는 게 마음에 쏙 들었다. 수압도 확인하고 난방은 어떻게 되는지를 물어봤다. 특별히 걸리는 점이 없었다. 사이트에 올라와 있는 집 중 직접 보러 가고 싶을 정도로 괜찮은 집을 찾는 것부터가 쉽지 않았으니 이 정도면 됐다. 혹시 누가 또 집을 보러 오는 사람이 있는지 물어보자 다음 날 오후에 온다고 했으니 그 전에 계약금을 걸어놓아야 했다.

계약금(월세 1주치)을 보내고 나서 절차는 다음과 같다.

1. Prospective tenancy form
계약 내용을 컨펌하는 문서 작성(신분과 수입 등의 정보를 제출한다)

2. Reference check
세입자의 신상을 확인하는 단계(고용 상태와 연봉, 은행계좌 내역을 공유하고 전 집주인의 추천서를 제출한다)

3. Rental agreement
레퍼런스 체크를 통과하면 진짜 계약서를 쓴다.

4. Right to Rent
월세 계약을 할 수 있는 자격을 확인한다(여권과 비자 또는 거주증).

5. 보증금과 월세 송금
계약일자 전에 보증금(월세 5주치)과 첫 달 월세를 입금해야 열쇠를 넘겨 받는다.

● **6. Cleaning**
현 세입자(또는 집주인)가 이사를 나가고 나면 전문 청소업체를 써서 professional cleaning을 한다(영수증을 보여달라고 요구할 수도 있다).

● **7. Inventory check**
열쇠를 넘겨주기 전, 전문 업체에서 집에 있는 가전, 가구, 각종 집기를 확인하고 상태를 점검하고 inventory report를 집주인과 세입자에게 전달한다. 이 리포트를 바탕으로 향후에 거주하면서 문제가 생기거나 손상을 가했을 경우 보상을 해야 할 수도 있다. 포크 나이프 개수까지 기록이 되어 있고 수십 장의 사진이 포함된 70 페이지에 달하는 문서를 받았다.

이 과정을 마치면 입주를 할 수 있게 되니 집 구하는 절차는 여기서 끝! 물론 일은 이제 시작이다. 이사는 물론이고 수도, 전기, 인터넷 연결에서부터 지자체 거주 신고, 집 보험 가입, GP General Practitioner 등록 등등…. 할 일이 산더미다.

런던에서 이사하기 혜림

2021년 1월 28일 이사를 했다. 이사라고 하기엔 한국에서 가져온 트렁크 두 개만 옮겼지만, 작년 런던에서 철수(?)하면서 에어비앤비 사무실에 맡겨 둔 상자 3개가 있어 유진이가 기숙사 짐을 옮길 때 함께 픽업했다. 한국에서는 엄마 찬스를 썼던 행정 업무를 런던에서는 꼼짝없이 스스로 해야 했다.

지방세

이사한 동네의 구청 borough council에 신고해 지방세 council tax를 내야 한다. 이번에 들어간 햄프스테드는 캠든에 속해 있다. 지방세는 18세 이상의 주택 소유자나 세입자가 내야 하지만 성인 2인 기준으로 책정되어 있기 때문에 성인이 한 명이면 25% 할인을 받을 수 있고 학생은 성인이어도 면제다.

집값에 따라 A부터 H까지 세금 구간 council tax band이 정해져 있어 같은 건물이라도 집마다 다를 수 있다. 이번에 이사한 집은 D(1991년

집값 기준으로 £68,001~£88,000)에 속해있고 연간 약 1,600파운드 (약 250만원)를 내야 한다.

에너지(전기/가스)

영국에는 에너지 공급업체가 수십 개다. 이 중 British Gas, Scottish Power, Npower, E.ON, EDF Energy, SSE가 6대 업체다. 사용 패턴에 따라 요금 구간이 달라 비교 사이트도 많다. 작년 올드스트리트 쪽에 있을 때는 EDF Energy를 썼는데 이번에 방 2개짜리로 이사하면서는 E.ON이 더 저렴한 걸로 나왔다. 가스는 사용하지 않는 집이라 전기만 신청했다. 신청이 완료되고 나면 이사일 기준으로 계량기를 체크해(미리 사진을 찍어) 정산한다.

상하수도

상하수도 서비스는 지역별로 정해져 있다. 런던은 대부분 Thames Water를 이용한다. 역시 이사일 기준으로 계량기 미터로 정산한다.

인터넷

런던의 대표적인 인터넷 서비스 업체로는 Virgin Media, Sky, Vodafone, Eir, British Telecom 등이 있다. 지역별로 속도가 달라 보통 속도 체크를 하고 업체를 고른다.

주택보험

한국에서는 화재를 주된 보장 내용으로 하는 주택화재보험이 있는데 영국의 주택보험 house insurance은 화재뿐 아니라 태풍, 홍수, 도난, 누수 등으로 인한 손실을 보장해준다. 건물 자체를 보장하는 buildings cover와 가전, 가구, 귀중품을 보장하는 contents cover가 있다. 보험료는 보장 상한액과 개인부담금에 따라 결정되며 가입자의 실수로 인한 손해를 보장해주는 accidental damages cover, 개인 소지품까지 보장하는 personal belongings cover, 법적 분쟁이 벌어졌을 경우 변호사 수임료 등을 보장하는 family legal protection 등 선택형 옵션에 따라 추가요금이 붙는다.

세입자로 굳이 건물을 보험에 포함시킬 필요는 없을 것 같아

contents cover만 선택했고 내 잘못으로 가전이나 가구에 손상이 발생했을 때도 보장이 되는 accidental damages cover를 추가했다. 예를 들어, 누수로 인한 피해는 accidental damages cover 없이도 보장되지만 이 옵션을 추가하면 내가 실수로 수도꼭지를 잠그지 않아 발생한 피해까지 보장된다. 전체 보장금액은 75,000파운드, 개인부담액은 100파운드로 설정했다. 그러니까 100파운드 넘어가는 금액부터 청구할 수 있다. 이렇게 해서 연 보험료 약 140파운드가 나왔다.

여기까지는 Please Connect Me 서비스를 활용했다. 이사할 때 각종 서비스를 옮겨주는 업체 utility concierge service로 소비자는 무료로 서비스를 제공받고 대신 연결해주는 각 업체로부터 수수료를 받는다 (웨딩플래너 같은 구조). 원하는 조건을 이야기하면 가격 비교와 추천을 해준다. 신청하고 바로 다음 날 연락이 와 영국에서는 드문 서비스 속도를 자랑한다.

TV 라이센스

실시간 스트리밍 형태로 본방송을 시청하려면 TV 라이센스가 있어야 한다. 연간 157.5파운드인데 실시간 방송을 보지 않으면 'No TV licence(TV 라이센스 해지)'를 신청하면 된다. TV 라이센스가 필요한 경우를 구체적으로 나열하고 하나라도 해당되면 해지하면 안 되며 불시에 점검 왔을 때 걸리면 벌금을 부과한다며 무서운 경고문이 쓰여있다.

GP 등록

영국은 병원 진료가 무료다. 그 혜택을 보기 위해서는 family doctor(일반의, 가정의)라고도 하는 General Practitioner(GP)에 등록해야 한다. 보통 집이나 회사에서 가까운 곳에 등록하는데 NHS National Health Service 사이트의 'Find a GP'에서 우편번호를 입력하면 주변 일반의 목록을 확인할 수 있다. GP에서 기본적인 진료 및 처방을 받고 필요한 경우 전문의나 더 큰 병원으로 진료 의뢰 refer를 받을 수 있다. 요즘에는 코로나로 대면 진료보다는 온라인 진료를 하는 경우가 많은데 써본 사람들의 말에 따르면 생각보다 편리하다고 한다. 거동이 불편하거나 GP가 멀리 있는 경우 가까운 약국으로 처방약을 보내주기도 한다.

집에서 3분 거리인 Hampstead Group Practice에 등록했는데 작성할 서류가 네 가지나 된다. 게다가 온라인으로 등록하는 시스템이 아니라 서류를 직접 제출해야 한다. 집에 프린터가 없어 방문해서 서류를 챙겨 집에서 작성해서 다시 가져갔다. 혹시라도 아플 경우를 대비해서 당연히 등록해 놓는 게 좋다. 백신 접종 차례가 되면 GP에서 예약 문자가 오기 때문에 코로나 시대에는 필수다.

오이스터 카드의 비밀 유진

런던에 오면 누구나 한 번쯤은 타게 되는 언더그라운드 Underground, 지하철와 런던의 상징과도 같은 이층 버스. 그래서 런던의 대중교통은 런던 그 자체이기도 하다. 실제로 많은 런던 기념품에는 지하철 노선 도, 지하철 풍경, 이층 버스 등이 활용된다. 록다운으로 대중교통을 타는 것도 꺼려지는 시기가 되었지만 그래도 여전히 대중교통은 런 던 시내를 다니려면 필수이다.

런던에서 대중교통을 이용하려면 반드시 접하게 되는 교통카드가 있다. '오이스터 카드 Oyster card', 일명 굴카드다. 한국에서 지하철 탈 때 티머니 T-money를 사야 한다면, 런던에서는 오이스터 카드가 필요 하다. 그런데 왜 하필이면 오이스터일까? 대체 굴은 런던, 영국과 무 슨 상관이 있을까? 마침 이 글을 쓰고 있는 4월 23일이 영국이 사랑 하고 사랑하고 사랑하는 대문호 '윌리엄 셰익스피어 William Shakespeare' 가 생을 마감한 날이라는 것이 힌트이다. 오이스터 카드의 비밀은 바 로 이분, 셰익스피어에 있다.

런던이 굴처럼 생긴 것도 아니고 영국인들이 굴을 사랑해서도 아니다. 그들이 애정해 마지않는 셰익스피어의 희극 대사 때문에 런던의 교통카드 이름은 오이스터 카드가 되었다.

"The world is mine oyster."

이 대사는 그가 쓴 희극 'The Merry Wives of Windsor(윈저의 즐거운 아낙네들, 혹은 윈저의 명랑한 아낙네들)'에 나오는 부분이다. 원문 일부를 가져오면 다음과 같다.

Falstaff: I will not lend thee a penny.

Pistol: Why, then the world's mine oyster, which I with sword will open.

팔스타프: 난 단돈 십원도 빌려주지 않을 거야.

피스톨: 그렇다면 세상은 내가 직접 칼로 까먹는 굴과 같은 거군요.

원문에서는 무력 sword을 쓰더라도 내가 얻고자 하는 것을 갖겠다는 뜻이 있었지만 이제는 '세상은 내 것이다'라는 뜻으로 더 많이 쓰이는 숙어가 되었다. 결국 오이스터 카드는 교통카드 한 장으로 런던을 어디든 내 세상인 것처럼 다닐 수 있다는, 굴 속에 숨겨진 진주처럼 런던 시내 곳곳에 숨겨진 보물 같은 곳을 다녀보라는, 'London is your oyster'의 뜻으로 지어진 이름이다. 이 교통카드 이름 한 장만으로도 영국의 문학적 감수성 그리고 브랜드에 대한 진심을 느낄 수 있었다. 우리나라 교통카드 이름은 분명 직관적으로 그 의미를 이해할 수 있는 측면이 있지만 '한국'을 나타내는 이름은 아니지 않은가?

그 외에도 오이스터 카드의 숨은 뜻에 대한 다양한 해석이 있는데 그중 하나는 굴의 딱딱한 껍질과 그 속의 진주를 교통카드의 견고한 기술력과 유용함에 비유한 뜻이라고도 하고, 템즈강 주변에 굴이 많이 서식했어서 런던 하면 굴이었기 때문이라는 이야기도 있다. 그러나 그 어떤 해석보다도 가장 이해되고 런던을 보여주는 것은 'The world is mine oyster'라고 생각한다.

다시 여행이 가능해지고, 런던을 방문하여 오이스터 카드를 구매할 때, 모두 한 번쯤은 생각했으면 좋겠다, 셰익스피어에 대한 영국인의 마음을. 그리고 런던 시내 곳곳을 여러분의 세상으로 만드시길 바란다. 런던에는 가봐야할 곳이 너무 많으니까!

셰익스피어 머리 앞에서 만나 유진

  런던의 펍 문화는 너무나 유명하다. 영국에서 펍은 낮에도 밤에도 늘 열려있는 곳이다. 점심을 먹으며 맥주를 한 잔 할 수도 있고, 퇴근길에 동료들과 한 잔 하고 돌아가기도 하고, 저녁에 친구들과 만나 왁자지껄하게 떠들며 축구 경기를 보는 곳이기도 하다. 그런 영국의 펍이 옛날 퍼블릭 하우스 Public House에서 시작되었다는 것도 이제는 영국에 조금만 관심 있는 사람이면 알고 있는 유명한 이야기이다.

  그런데 런던을 여기저기 다니다 보면 펍 이름으로 흔하게 쓰이는 이름이 있다는 걸 눈치챈 사람도 있을까? 특히 'OOO's Head'라는 이름이 정말 많이 보인다. King's Head, Queen's Head, Shakespeare's Head 등등. 여전히 군주제를 유지하고 있는 영국에서 왕과 여왕의 머리를 그렇게 막 써도 될까? 문득 궁금해졌다. 조선시대 한양 저잣거리에서 '세종대왕 머리 주막'이라고 썼으면 살아남을 수 있었을까? 그리고 영국의 펍 이름으로 제일 많이 쓰이는 건 무엇일까?

  펍의 시작은 이미 잘 알려진대로 퍼블릭 하우스였다. 마을마다 동네 주민들을 위한 사랑방 같은 곳이었는데 펍을 이용하는 사람들이 누군가를 살펴보면 이름의 유래를 이해할 수 있다. 대부분의 펍은 국민들이 글을 읽고 쓸 줄 모르는 시기부터 이용하던 장소였다. 즉, 우리 어디서 만나자라고 할 때 그 '어디서'라는 간판을 글로 써 놓아 봐야 못 읽는다는 말이다. 그러니 아무리 멋들어진 이름을 지어봐야 의미가 없었던 것이다. 그것보다는 알아보기 쉬운 '그림'으로 간판을 만들었다. 주로 동물(사자, 사슴 등)이나 상징적인 문양(왕관, 쟁기 등) 혹은 유명인의 얼굴(왕, 여왕, 셰익스피어 등)을 사용한 것이 지금까지도 널리 사용되는 펍 이름의 시초가 되었다.

영국 맥주 및 펍 연맹이라고 할 수 있는 BBPA British Beer and Pub Association에서 발표한 바에 따르면, 가장 많이 사용되는 펍 이름은 다음과 같다(괄호 안의 숫자는 개수이다).

Red Lion (759), Royal Oak (626), White Hart (427), Rose and Crown (326), King's Head (310), King's Arms (284), Queen's Head (278), The Crown (261)

이 조사도 2007년 기준이니 바뀌었을 수도 있겠지만, 대부분의 이름이 왕가의 휘장 문양, 혹은 알아보기 쉬운 그림에서 출발했음을 알 수 있다. 펍 이름만 하나씩 들여다봐도 영국의 역사를 볼 수 있는데, 'Rose and Crown'은 왕권을 두고 30년 넘게 진행되었던 장미 전쟁 Wars of Roses과 관련이 있다. 당시 랭커스터 가문 House of Lancaster의 문장 은 붉은 장미, 요크 가문 House of York 문장은 흰 장미였기 때문에 왕위 를 놓고 두 가문이 벌인 전쟁을 장미 전쟁이라고 부른다. 두 가문의 결혼으로 전쟁이 종식되면서 튜더 왕가 Tudor Dynasty가 들어선다. 이 튜 더 왕가의 문장이 붉은 장미와 흰 장미가 합쳐진 튜더 로즈 Tudor Rose 이고 지금까지 영국 왕실의 문장으로 사용되고 있다. 위에 나온 저 펍 이름 모두 결국 왕가와 관련이 있는 것으로 군주제 국가의 유산이 영 국인의 생활 속 매우 깊은 곳, 어쩌면 의식하지 못하는 곳에 자리잡고 있을지도 모르겠다. 이렇듯 역사는 그 나라의 문화와 떼어 놓을 수 없 는 관계임을 동네 술집 앞을 지나다니다가도 깨닫는 런던 생활이다.

팬데믹 이전 런던을 여행하던 어느 날 들렸던 펍 사진이 있다면 한 번 찾아보면 어떨까? 그 펍의 이름도 기억해 보면 저 중에 한 곳일 수 도 있을 것이다.

당신을 기억합니다 유진

런던 시내 구석구석을 걷기 시작하고 나서 걸어야만 보이는 것을 하나둘씩 발견하는 경험은 코로나 시대를 보내는 내게 소중하고 즐거운 시간이 되었다. 많은 거리를 걷고, 공원을 찾고, 미술관과 박물관을 오가며 느끼는 것을 다 풀어내면 따로 책을 쓸 수 있을 것만 같다. 요 며칠 눈에 밟혔던 것은 걷다 보면 마주치는 메모리얼 벤치 memorial bench와 블루 플라크 blue plaque이다. 메모리얼 벤치는 사랑하는 사람을 떠나보내고 기억하는 마음을 담아 기증한 벤치이고, 건물 외벽에 붙은 블루 플라크는 이곳에 그가 살았었다는 것을 기억하게 해주는 명패이다. 저명인사가 아닌 일반인임에도 그가 살았던 곳을 기억하고 그가 자주 거닐던 장소를 추억하는 것은 내 생각에는 굉장히 사적인 영역인데, 이렇게 공적으로 표식을 남기는 행동은 어떤 의미일까.

메모리얼 벤치

먼저 영국의 배경을 이해해볼 필요가 있다. 우선 런던은 대부분 평지이고 곳곳에 크고 작은 공원들이 매우 많다. 집을 나서서 조금만 걸어가면 공원이 있고, 변덕이 심한 날씨 덕분에 해가 조금이라도 얼굴을 내밀면 런더너들은 밖에 나가 햇살을 누리는 것에 진심이다. 심지어 집 앞에 한 평도 안 되는 잔디만 있어도 해가 쨍한 날은 드러눕는다. 그러나 서울 사람들에게 공원은 크건 작건 산을 끼고 있거나 아니면 한강공원이기 때문에 런던만큼 공원을 자주 찾기가 쉽지 않다. 게다가 한강공원에 가면 집에서 피크닉 용품(의자, 탁자, 텐트 등)을 바리바리 싸 와 치킨, 피자, 맥주 등으로 한 상 제대로 펼쳐 놓고 먹는 사람들의 모습을 흔하게 볼 수 있다. 우리는 먹는 것에 진심인 사람들이다. 그러나 런던 사람들은 공원에 갈 때 먹을 것으로 중무장하고 가는 경우보다는 가볍게 읽을 책 혹은 노트북을 들고 커피 한 잔, 맥주 한 병을 사서 공원 아무 곳에나 누워 일광욕을 하는 데에 더 진심이다. 애완견과의 산책, 혹은 러닝, 요가, 복싱 등 운동을 하기 위해 공원에 가는 것은 거의 필수 코스이고. 그런 이유로 고인과 함께 자주 가던 공원에 메모리얼 벤치를 기증하는 방식은 가장 가까운 곳에서 그를 기억하고 함께 했던 시간과 공간을 추억하고 싶은 마음과, 다른 누군가의 메모리얼 벤치에 앉아 쉬어 갔던 경험을 더 많이 나누고 돌려주려는 마음일 것이다.

한국도 최근에 조성되는 숲에는 메모리얼 벤치가 보이긴 한다. 처음 시작은 공원 조성을 지원한 기업과 좋은 구절을 새겨 넣는 방식으로 시작했지만 최근에는 개인 기부 형식으로도 가능해졌다. 그러나 아직까지 우리는 누군가를 떠나보내고 나면 산소나 추모공원에 모시는 것에 더 익숙하다. 그곳은 대체로 주거지역과는 멀리 떨어진 곳에 위치하기 때문에 돌아가신 분이 그리울 때마다 찾아가는 것이 쉽지 않다. 아니, 우리는 살아 계실 때에는 바쁘다는 이유로 소소한 추억을 만들거나 공원에 산책 갈 만한 여유도 없었다. 그래서 언제나 내 마음 속에 계신다는 말로 위로하지만 사실은 후회하는 시간이 더 많다(물론 아닌 사람도 있을 테지만).

블루 플라크

길을 걷다보면 정말 주택가뿐인 동네에도 파랗고 동그란 명패, 블루 플라크가 붙어있어서 호기심에 찾아보니 그 건물에 예전에 살았던 사람을 기리는 명패였다. 대부분의 명패는 대체로 그가 속했던 회사, 기관 혹은 단체에서 제작하는데 이를 테면 ○○사업체 조합, ○○연구원, ○○ 자선단체 등이다. 조금 널리 알려진 인물의 경우에는 런던의 각 구의회, 잉글리시 헤리티지 English Heritage에서 제작하는 경우도 있다. 블루 플라크에는 고인의 이름, 출생연도와 사망연도를 적고 직업이나 업적을 간단히 명기한다. '대규모 케이터링의 선구자였던 A씨(19xx ~ 20xx)가 살았던 집'이라고 써 놓는 방식이다. 우리나라는 대부분의 주거 형태가 아파트이기 때문에 이러한 블루 플라크는 사실상 불가능하다. 그러나 영국은 아직도 18, 19세기 때 지어진 조지

안 Georgian, 빅토리안 Victorian, 에드워디안 Edwardian 시대의 건물이 보존되고 주택으로 활용되기 때문에 가능한 것이다.

 블루 플라크를 알게 된 이후로 길을 걷다가 파란 명패를 만나면 발을 멈추고 누가 살았던 곳인지를 읽게 되었다. 가끔은 굉장히 유명한 사람을 만나기도 하는데, 찰리 채플린이나 찰스 디킨스 같은 사람들이다. 찰리 채플린의 블루 플라크는 그가 아주 잠시 살았던 템즈강 남쪽 케닝턴 Kennington이라는 주거지에 있었고, 찰스 디킨스의 블루 플라크에는 그가 살았던 곳이 허물어지고 새 건물이 들어서서 이 근방에 살았었다고 적혀 있었다. 우리도 누군가의 생가를 보존하고 관광지로 활용하지만 그가 살았던 모든 곳을 기리는 일은 드물다. 그런 소소한 기록들을 모으고 알리는 방식에서 우리와 영국이 누군가를 기억하는 방식이 다르다고 느낀다.

 이처럼 메모리얼 벤치는 매우 사적인 영역 즉, 누군가의 어머니, 아버지 혹은 이모 삼촌과 같은 존재로서의 사람을 기억해주는 것이고, 블루 플라크는 업적을 기억해주는 형태라고 볼 수 있다. 어떤 형태로든 기억하려고 하고 기억되기를 바라는 사람들이 있다는 것, 그것만으로도 어쩌면 성공한 인생이 아닐까. 그리고 이렇게 떠나간 사람을 기억하는 방식이 별스럽지 않은 것으로 인식되는 이곳이 부럽다. 런던의 수많은 공원이 부럽고, 서울에서는 쉽게 볼 수 없지만 런던에서는 쉽게 찾을 수 있는 벤치가 부럽고, 아파트가 대부분인 서울의 주거 문화와 달리 옛 것이 고스란히 남아(다시 말하면 살기는 좀 불편한), 시대를 초월하여 살아남을 수 있는 런던의 주거 환경도 부럽다.

한편으로는 나를 돌아보게 된다. 내가 나중에 부모님과의 추억을 돌이켜 볼 장소는 어디일까, 서울 우리 집이 아닌 다른 곳에서 때때로 엄마 아빠를 그리워하며 쉴 수 있는 곳이 있을까. 그런 시간은 충분히 가졌나. 생각은 자연스레 '나'라는 존재에 대한 고민으로 향한다. 과연 나는 이 세상에 이름 석자를 남길 수 있을까. 나중에 죽고 나서 누군가가 기억해줄 만한 사람이 될 수 있을까. 혹은 기억해줄 누군가가 있기는 할까. 그렇게 길을 걷다가 만난 벤치와 파란 명패를 마주하며, 누군가의 기억 속에 남는다는 것이 얼마나 소중한 일인가를 느끼게 된다.

혜림의 덧말) 유진이 생일날, 날이 좋아 식당 예약 시간보다 일찍 집을 나서 그린 파크 Green Park를 잠시 걷는데 유진이가 말했다. "혜림아, 만약에 네가 먼저 죽으면 네가 제일 좋아하는 런던 공원에 네 이름 새긴 벤치 하나 만들어 줄게." 오래 사는 게 목표인 나는 "아 나 진짜 오래 살 건데, 제안이 너무 탐나서 고민되잖아!"라고 농담 섞인 답을 했지만, 유진이의 말에 감동 받았다. 내가 좋아하는 런던에 나를 기리는 벤치를 만들어주겠다는 친구가 있다니. 나이 마흔에 난 이미 성공한 인생이다.

에필로그

You made my year

창문 너머로 울긋불긋 단풍이 곱게 물든 세종 금강 수변 공원이 보인다. 한국에 돌아온 지 4주째다. 어쩌다 런던에서 9개월간 보낸 혜림이와의 코로나 동거 생활이 벌써 이렇게 책으로 엮일 추억이 되었다. 나에게 그 시간은 무엇을 남겼을까?

20년 전에 만난 우리지만, 우리는 서로를 잘 몰랐다. 대학 동창이지만 서로 깊은 대화를 나눌 시간도 기회도 없었다. 그리고 다시 만나기까지 거의 20년의 세월이 지났고 그 시간 동안 각자의 취향, 신념, 가치관은 더욱 뿌리를 내린 후이니 20년 전의 기억으로 판단할 수도 없었다. 그런 우리의 동거 생활은 런던을 탐닉하는 시간이기도 했지만 서로를 여행하는 시간이었다. 그 여행은 그녀가 내게 이삿날 본인의 책 『안녕하세요, 처음 쓰겠습니다』를 선물하면서부터 시작되었다.

선물 받은 그녀의 첫 에세이집을 읽어 내려가며, '와! 나도 그런 생각 했는데! 맞아 나도 이런 꿈이 있었지! 아 이렇게 생각할 수도 있겠네.' 라고 생각했다. 책을 한 장 한 장 넘길 때마다 혜림이를 조금씩 이해해 가는 여행길을 걷는 기분이었고 설명해주지 않으면 모르는 것을 설명해주는 '장혜림 입문서'였다. 누군가와 동거를 하게 된다면 이런 책은 최고의 선물이 될 수도 있겠다 싶었다. 동시에 '나는 어떤 사람이지?'라는 물음표를 하나 찍고 동거 생활 첫날밤의 잠을 청했다.

그러나 말 그대로 책은 그저 시작일 뿐이었다. 삼시 세끼를 같이 먹고 살림을 꾸리면서 혜림이가 좋아하는 것과 싫어하는 것을 더 많이 알게 되었다. 햇살 쨍한 공원에서 책을 읽는 것을 정말 좋아하는 혜림이가 플랫화이트를 마시며 미워도 사랑할 수밖에 없는 런던에 대한 푸념 섞인 애정을 보일 때면 귀여웠다. 나의 마흔 번째 생일에 미역국을 끓여주고 아플 때 병원으로 먹을 걸 날라주는 혜림이는 엄마의 빈자리를 채워주는 든든함도 보여줬다. 종일 화상회의를 달리고 저녁에 화이트 와인 한 잔으로 스트레스를 풀어야 하는 하루하루를 지켜봤으며, 런던의 외국인 근로자로 일할 수 있어 감사하지만 미래에 대한 불안감을 떨쳐버릴 수 없다는 마음도 이해하게 되었다.

그리고 나는 혜림이를 통해 나를 다시 보게 되었다. 그릭 요거트와 치즈에 대한 깊은 애정과 쉼표 중독에 빠지는 글쓰기 버릇도 알게 되었다. 감정의 기복이 크지 않고, 정말 많이 좋아하는 것도 정말 너무 싫어하는 것도 많지 않다는 것을 새삼 발견했다. 계획하는 걸 좋아하지만 의외로 일단 행동하고 보는 편이라는 것도 느꼈고, 앞으로의 인생에 대해 큰 고민을 하지 않고 대충 살고 있는 것은 아닌가 돌아보기도 했다. 그리고 유학생이라는 호사스러운 시절에 얼마나 감사해야하는지도 느꼈다. 그래서 내게 지난 1년은 지금까지의 나를 알게 되는 여행이고 앞으로의 나를 고민하는 여행이기도 했다.

시간이 지나면 우리가 같이 갔던 런던의 카페와 식당, 먹었던 음식과 함께 본 전시회는 기억에서 희미해질 수 있다. 마스크를 벗게 되고 일상을 다시 찾게 되었을 때 코로나는 잊혀질 수 있다. 그러나 혜림이를 잊을 수는 없을 것이다. 이제 혜림이는 내게 곧 런던이고, 코로나 전우니까.

혜림아, 고마워! You made my year, 2021!

너랑 다시 오존에서 플랫화이트에 바나나 브레드를 먹으며 내일 아침에 가야할 너의 신상 카페를 듣게 될 날을 기다리는 유진이가

코로나가 준 선물

 인생사 새옹지마라더니, 지난 2년이 딱 그랬다. 그렇게도 간절히 원하던 런던 발령을 받아 꿈이 이루어졌다며 위풍당당 런던에 입성하기 무섭게 전염병이 덮쳐 물거품을 만들어 놓더니, 그 코로나 덕분에 유진이와 함께 사는 소중한 경험을 했다. 평소의 나라면 누군가와 함께 사는 걸 생각해보지도 않았을 텐데, 록다운을 겪고 나니 코로나 시대에 1인 가구로 지내는 건 코로나보다 우울증에 먼저 걸리는 지름길이었다.

> 사람이 온다는 건
> 실은 어마어마한 일이다
> 그는
> 그의 과거와
> 현재와
> 그리고
> 그의 미래와 함께 오기 때문이다.
> 한 사람의 일생이 오기 때문이다.
> 부서지기 쉬운

그래서 부서지기도 했을

마음이 오는 것이다.

- 정현종의 시 '방문객' 중

 코로나 시대의 런던을 함께 살며 대학 동기로서 공유하는 추억과 동기들 이야기로 웃음 짓고, 삼시 세끼 맛있는 걸 해먹을 궁리를 하며, 와인 한 병을 앞에 두고 앞으로 뭐하고 싶은지 미래를 이야기하기도 했다.

 모든 관계는 나름의 의미가 있지만 새로운 관계는 내가 모르는 내 모습을 이끌어내 나를 성장시킨다. 생활 공간을 공유하면서 당연하다고 생각한 습관이 당연하지 않다는 것도 알게 되며 서로 신기해한다(유진이는 외출할 때 입은 옷을 세탁한 새 옷과 섞지 않고 난 먹다 남은 반찬을 통에 다시 넣지 않는다. 유진이는 가득찬 쓰레기 봉투를 바로 갖다 버리고 난 건조대에 그릇이 쌓이는 걸 두고 보지 못한다). 이기적인 내 모습이 나올 때는 그런 내가 싫고, 예민한 나에게 유진이가 맞춰줄 때는 죄책감이 들기도 한다.

하지만 무엇보다 따뜻했다. 혼자 깨어있는 이른 오전에도 저 방에 유진이가 자고 있다는 생각에 외롭지 않았다. 치킨을 해먹겠다며 닭고기 손질에 튀김옷에 양념까지 만들며 주방을 전쟁터로 만들어도 힘들기보다 재밌었다. 부동산 에이전트가 일처리를 못해 짜증이 나도 불평을 들어줄 상대가 있어 괜찮았다.

2022년 혼자 지내게 될 런던은 어떨지 벌써부터 옆구리가 시리다. 피크닉 갈 때 요긴하게 썼던 돗자리와 접이식 매트는 유진이가 선물로 남겨줬지만 터덜터덜 가서 혼자 앉아 있어야 한다니. 우리가 좋아했던 카페도 이젠 혼자 다녀야 하는구나. 네가 만들어준 수제 인절미와 두부 유부초밥과 옥수수 스프가 조금 많이 생각날 것 같아.

내 인생 동거인 1호 유진아, 런던에 자주 놀러와!

원고를 마무리하며 하루종일 얼굴 보니 다시 같이 살던 시절로 돌아간 것 같아 머리 터질 것 같으면서도 괜스레 반가웠어.

우리는
어쩌다
런던에서

초 판 1 쇄 2021년 12월 25일
초 판 3 쇄 2023년 5월 10일
지 은 이 서유진 장혜림
펴 낸 곳 하모니북

출판등록 2018년 5월 2일 제 2018-0000-68호
이 메 일 harmony.book1@gmail.com
전화번호 02-2671-5663
팩   스 02-2671-5662

ISBN 979-11-6747-027-0 03920
ⓒ 서유진 장혜림, 2021, Printed in Korea

값 15,000원

이 도서의 국립중앙도서관 출판예정도서목록(CIP)은 서지정보유통지원시스템 홈페이지
(http://seoji.nl.go.kr)와 국가자료공동목록시스템(http://www.nl.go.kr/kolisnet)에서 이용
하실 수 있습니다.